Quellen der Heilung

Für Jochen

Doris Iding

Quellen der Heilung

Gespräche mit spirituellen Lehrern, Ärzten und Heilern

Theseus Verlag

Bibliografische Information der Deutschen Bibliothek
Die Deutsche Bibliothek verzeichnet diese Publikation
in der Deutschen Nationalbibliografie;
detaillierte bibliografische Daten sind im Internet über
http://dnb.ddb.de abrufbar.

ISBN 978-3-89620-328-1

Originalausgabe

www.theseus-Verlag.de

Umschlaggestaltung: Morian & Bayer-Eynck, Coesfeld,
www.mbedesign.de
unter Verwendung eines Fotos von © Hildegard Morian

Gestaltung und Satz: Ingeburg Zoschke, Berlin
Druck: GGP Media GmbH, Pößneck
Printed in Germany

Inhalt

Vorwort

Als ich mit der Arbeit an diesem Buch begann, hatte ich eine bestimmte Vorstellung, in welchem zeitlichen Rahmen die Interviews durchgeführt werden sollten und wie lange ich für die Fertigstellung der Zwischentexte benötigen würde.

Aber alles kam anders als geplant – ich wurde krank. Zuerst kämpfte ich gegen die Erkrankung an, schließlich hatte ich einen Abgabetermin für das Manuskript. Anstatt mir Ruhe zu gönnen, arbeitete ich weiter, bis ich vor Erschöpfung nicht einmal mehr schlafen konnte. Dass ich dadurch immer kränker wurde, realisierte ich erst nach fünf Wochen. Als mir bewusst wurde, was ich da tat, gab ich den Kampf auf. Ich begann darauf zu vertrauen, getragen zu sein, konnte entspannen – und wurde wieder gesund. Diese Erfahrung zeigte mir, dass Heilung nur dann einsetzen kann, wenn wir aufhören, etwas zu erzwingen oder über den Verstand regeln zu wollen. Ja, ich merkte, dass meine Heilung erst in dem Moment geschehen konnte, als ich das Kranksein als Teil meines gegenwärtigen Lebens annahm.

Aber es passierte noch mehr. Ich hatte für das Buch einen ganz bestimmten Aufbau und eine Struktur vorgesehen. Auch hier kam alles anders als geplant. Bei den durchgeführten Interviews überließ ich mich mehr und mehr dem Fluss des Momentes, so dass oft etwas anderes entstand, als ich mir im Vorfeld vorgestellt oder von meinem Interviewpartner erwartet hatte. So ergab sich im Laufe des Entstehungsprozesses ein buntes und vielschichtiges Kaleidoskop, das den unterschiedlichen Traditionen, Heil- und Lehrrichtungen der Interviewpartner entsprach. Auch das spiegelt für mich den Heilungsprozess im übertragenen Sinne wider. Oft ist es nicht nur die Arznei, die uns heilt, sondern auch die Persönlichkeit des Arztes oder die Art und Weise, wie wir nach der Behandlung mit uns selbst umgehen. Häufig ist es nicht nur eine bestimmte Heilformel, die uns wieder zu Kräften bringt, sondern der Glaube, den wir in diese Formel haben und in den Heiler, der sie ausspricht und in uns selbst.

Die Gespräche in diesem Buch zeigen in ihrer ganzen Spannbreite, dass Heilung ein komplexer, sehr umfassender Prozess ist, der ein großes Vertrauen in das Leben und ein hohes Maß an Selbstverantwortung erfordert. Möge dieses Buch dazu beitragen, beides zu stärken, damit wir als Individuen, aber auch als Menschheit die Heilung finden, die es uns möglich macht, auf diesem Planeten weiterzuleben.

Möge diese Heilung geschehen.

Januar 2007 Doris Iding

Einleitung

Seit Jahrtausenden sucht die Menschheit nach Wegen und Möglichkeiten, mit wirksamen Quellen der Heilung in Kontakt zu kommen. Es ist der Versuch, eine Kraft zu finden, die unser Bewusstsein erweitert, Wunden schließt, Krankheiten heilt und eine verloren gegangene Verbindung mit dem Leben und dem Göttlichen wiederherstellt. Ursprünglich waren es Medizinmänner und -frauen sowie Schamanen, die mittels veränderter Bewusstseinszustände die Seelen der Kranken erforschten und auf diese Weise Heilungsprozesse in Gang setzten. Im antiken Griechenland wurde das Augenmerk vorwiegend auf den Körper gerichtet und dort nach den Ursachen für Krankheiten gesucht, womit der Grundstein für unsere moderne Schulmedizin gelegt wurde. Im 18. Jahrhundert setzte sich dann die Vorstellung durch, dass allein in der Materie das gesamte Wissen um die Entstehung von Leben, Gesundheit und Krankheit verborgen sei. Aus diesem Grund analysierte man ihre Bestandteile immer genauer und schenkte nur dem Glauben, was materiell erforscht werden konnte. Man versuchte, allen sichtbaren und unsichtbaren Zusammenhängen aller nur denkbaren Faktoren, die zu Krankheiten und auch zur Gesundheit führen können, auf den Grund zu gehen, und gelangte zu einem immer besseren Verständnis der Komplexität des menschlichen Organismus. Aufgrund dieser wissenschaftlichen Entdeckungen haben wir einen immer größeren Einblick in das »Wunder Mensch« gewinnen können.

Die Methoden der Medizinmänner und -frauen, der Heiler und Schamanen hatten in der rasant fortschreitenden Entwicklung westlicher Wissenschaft allerdings keinen Platz. Ihre Heilverfahren wurden von der Wissenschaft nicht beachtet oder höchstens belächelt, ihre Heilerfolge wurden hauptsächlich dem Zufall zugeschrieben. Erst in den letzten zwei Jahrzehnten gelangten einige ihrer Methoden durch Disziplinen wie die Ethnomedizin oder die Transpersonale Psychologie in das Blickfeld der Öffentlichkeit und werden als sogenannte sanfte Heilmethoden wiederentdeckt.

Heute stehen wir an einem spannenden Wendepunkt. Es werden von der naturwissenschaftlich ausgerichteten Medizin immer subtilere Zusammenhänge der Materie entdeckt, die viele bislang unerklärliche Verknüpfungen über die Funktionsweise des Körpers verständlich machen. Der Einfluss des Geistes oder des Bewusstseins auf die Entstehung von Krankheiten und den Heilungsprozess wird dabei aber immer noch als sehr gering, wenn nicht sogar als unbedeutend betrachtet. Auf der anderen Seite werden bei den alternativen Heilverfahren immer mehr Techniken wiederentdeckt oder weiterentwickelt, bei denen die Heiler mit der Seele des Patienten in Kontakt treten oder mit dem eigenen Geist Heilung bewirken. Oftmals sind diese Heilerfolge für den Verstand nicht nachvollziehbar und können nach wissenschaftlichen Standards nicht verifiziert werden.

Aber auch in einigen Wissenschaftsbereichen findet – wenn auch nur langsam – ein Wandel statt und dem Geist oder Bewusstsein wird ein hoher Stellenwert beigemessen, so zum Beispiel in der Quantenphysik. Hier geht man davon aus, dass dem menschlichen Bewusstsein eine Kraft innewohnt, welche die sichtbare, messbare und materielle Welt formt, was bedeutet, dass das Bewusstsein eine zentrale Rolle in der Entstehung und Entwicklung von individuellen und globalen Prozessen spielt. Dies bedeutet, dass man den zu behandelnden Menschen nicht länger als ein von dem Arzt oder der Ärztin isoliertes Objekt betrachtet, sondern das Augenmerk auf die Wechselwirkung zwischen ihnen richtet. Diese Sichtweise steht im Gegensatz zur Schulmedizin und erweitert gleichzeitig viele Denkmodelle alternativer Heilmethoden.

Wie genau ein verändertes Bewusstsein in Bezug auf die Entstehung von Krankheiten und den Prozess der individuellen bis hin zur globalen Heilung aussehen kann, zeigen die für dieses Buch interviewten Ärzte, spirituellen Lehrer, Heiler und Psychologen. Es sind Menschen, deren Arbeit ich im Laufe der letzten Jahre aufgrund meiner Tätigkeit als Journalistin, Ethnologin, Dozentin und Lehrerin für Yoga immer wieder verfolgen konnte. Sie beeindruckten und überzeugten mich in ihrer Art und Weise, wie sie nach neuen Möglichkeiten im Umgang mit Krankheit und Heilung suchten. Dass ich in diesem Buch nur einige der richtungsweisenden Visionäre dieses Bereiches vorstellen kann, versteht sich von selbst: Ich musste mich auf eine gewisse Anzahl von Interviewpartnern beschränken.

Die Unterteilung des Buches in fünf verschiedene Kapitel ist nicht als thematische Abgrenzung zu verstehen, da die dargestellten Methoden, Ansätze und Vorgehensweisen letztlich nicht voneinander getrennt betrachtet werden können. Aus diesem Grund sind die einzelnen Kapitel eher als Teile eines Kaleidoskops zu sehen, die jeweils einen bestimmten Aspekt von Heilung verdeutlichen, letztendlich aber erst alle zusammen ein vollständiges Bild ergeben – angefangen von einem achtsamen Umgang mit den eigenen Kommunikationsformen bis hin zu der Auseinandersetzung und Annahme der eigenen Sterblichkeit.

Übungen und Meditationen für die eigene Heilung

Im Anschluss an einige Interviews finden Sie Übungen und Meditationen, die Sie auf Ihrem Weg der Heilung unterstützen können. Grundsätzlich ist es sinnvoll, gerade bei den Meditationen für bestimmte äußere Voraussetzungen zu sorgen und einige Aspekte zu berücksichtigen:

- Schaffen Sie sich eine entspannte ruhige Atmosphäre. Stellen Sie Ihr Handy oder das Telefon ab, so dass Sie mindestens zwanzig Minuten in Ruhe meditieren können.
- Meditieren Sie in einem Raum, in dem keine Unordnung herrscht. In einer unordentlichen Atmosphäre kommt unser Geist schlecht zur Ruhe, und wir haben möglicherweise mit Ablenkungen zu kämpfen, statt uns auf die eigentliche Meditation konzentrieren zu können.
- Meditieren Sie nach Möglichkeit regelmäßig immer zur gleichen Zeit am gleichen Ort.
- Versuchen Sie, mit Freude zu meditieren und die Übung nicht als eine lästige Pflicht zu betrachten, weil Sie sonst Gefahr laufen, mechanisch zu meditieren und sich nicht wirklich in der Tiefe berühren zu lassen.

Heilung mitten im Leben, jeden Moment

Von außen betrachtet befinden wir uns in einer dramatischen Zeit. Die globale Erwärmung, aber auch Krieg, Terrorismus und wachsende Arbeitslosigkeit sowie die mangelnde Balance der Wirtschafts- und Sozialsysteme unserer Welt sind nur die Spitze des Eisberges. Der für die meisten Menschen unsichtbare, aber immer deutlich werdende Teil des Eisberges setzt sich aus individueller Anspannung, Stress, Erschöpfung und Emotionen wie Wut und Hass zusammen, die aus der derzeitigen Situation resultieren. Die herrschenden ökonomischen und sozialen Systeme haben unvergleichlichen Wohlstand und Luxus für wenige Menschen hervorgebracht und andere Menschen an den Rand der Existenz getrieben. Während die reichsten zwanzig Prozent der Weltbevölkerung immer reicher werden, werden die ärmsten zwanzig Prozent in eine immer desolatere Existenz abgedrängt und gezwungen, im Schatten des protzenden Überflusses in Slums und Ghettos zu überleben. Selbst in Industrieländern wie Deutschland, wo momentan wieder von Wirtschaftswachstum gesprochen wird, leben mittlerweile zehn Prozent der Bevölkerung unterhalb der Armutsgrenze.

Diese Situation birgt sozial wie auch politisch einen immensen Sprengstoff, der weltweit eine immer größer werdende Wut in weiten Teilen der Bevölkerung erzeugt.

Gleichzeitig sind immer mehr Menschen auf der Suche nach einem tieferen Sinn in ihrem Leben und fragen sich nach ihrer Aufgabe auf dieser Welt. Eine Auseinandersetzung mit diesen Sinnfragen kann uns bewusst machen, dass wir nicht gezwungen sind, für immer mit und in einer krank machenden Gesellschaft zu leben, in der Krisen und Konflikte an der Tagesordnung sind und maßlose Geldvermehrungsstrategien das Weltgeschehen bestimmen. Immer mehr Menschen realisieren, dass es möglich ist, ein friedvolles – und auch heilvolles – Leben zu führen. Sie erkennen, dass wir Menschen die Wahl haben, uns für Harmonie, Kooperation, lebenswerte Gemeinschaften und Wertesysteme zu entscheiden. Es sind Werte, die uns nähren und stärken und die wirtschaftlich, sozial, ökologisch und spirituell die Wertmaßstäbe der heutigen Welt ersetzen können. Um diesen Frieden und damit auch Heilung für uns selbst, für unsere Beziehungen und die ganze Menschheit zu fördern, müssen wir bei uns selbst anfangen. Und zwar so, dass wir uns auf den gegenwärtigen Moment besinnen und uns um ein hohes Maß an Achtsamkeit und gegenseitiger Wertschätzung bemühen. Hierbei spielt der achtsame Umgang mit Gedanken und Worten und den daraus resultierenden Handlungen genauso eine zentrale Rolle wie die Fragestellung, was wirklich wesentlich für uns ist und was nicht – mitten im Alltag, mitten im Leben, in jedem Moment.

EUGEN DREWERMANN

Sorget euch nicht um den morgigen Tag

Oft sind es nicht die großen Schicksalsschläge im Leben, die uns gesundheitlichen Schaden zufügen, sondern der Stress, dem wir in unserem Alltag ausgesetzt sind. In einer Gesellschaft, die extremen und oft krank machenden Idealen nacheifert, ist Stress ein selbstverständlicher Bestandteil des Lebens geworden. Solange wir Menschen und die Gesellschaft, in der wir leben, von dieser Maßlosigkeit angetrieben werden, werden wir weiterhin immer häufiger erkranken – oder sogar vorzeitig sterben – als Individuen und früher oder später auch als Gesellschaft oder als Spezies. Erst wenn wir uns auf uns selbst und die eigenen Werte besinnen, ist ein Prozess der Heilung möglich – so die Auffassung von Eugen Drewermann. Er wurde 1940 geboren, studierte Philosophie, katholische Theologie und machte eine psychoanalytische Ausbildung. 1966 wurde er zum Priester geweiht. Mit der Arbeit »Strukturen des Bösen. Die jahwistische Urgeschichte in exegetischer Sicht« habilitierte er sich 1978. Bis 1991 war er Privatdozent für Religionsgeschichte und Dogmatik an der kirchlichen Hochschule in Paderborn. Aufgrund seiner zunehmend kritischen Haltung gegenüber der Amtskirche und weil er seine in vielen Belangen von der Kirchenführung abweichenden Meinungen nicht korrigieren wollte, wurde ihm 1991 die kirchliche Lehrerlaubnis entzogen. Später folgte auch ein Predigtverbot und im März 1992 die Suspension vom Priesteramt. Danach erhielt Eugen Drewermann einen Lehrauftrag für Soziologie und Kulturanthropologie an der Gesamthochschule in Paderborn. Eugen Drewermann ist heute als freier Schriftsteller und Vortragsreisender tätig. Seit Jahren gehört er mit zu den gefragtesten Rednern in Europa, wenn es um Themen der Religion, Bibelauslegung, Märchenanalyse oder um das Verhältnis zwischen Mensch und Tier geht.

Wie würden Sie den Begriff Gesundheit definieren?

Eugen Drewermann: Am einfachsten durch die von Platon und Pythagoras aufgestellte Gleichung – der Einheit von Seele und Körper.

Der Buddhismus kennt drei grundlegende Krankheiten des Geistes: Gier, Hass und Unwissenheit. Könnte dies auf unsere heutige Gesellschaft übertragen werden?

E. D.: Von der Gier ist unsere Kultur natürlich durch ihre maßlosen Geldvermehrungsstrategien betroffen. Subjektiv leiden die meisten Menschen unter stressbedingten Symptomen. Sie fürchten den Verlust des Arbeitsplatzes, haben das Gefühl, permanent überfordert zu sein, fühlen sich durch ein Leben nach der Uhr gejagt, den endlosen Verpflichtungen, die im Voraus schon den Tag festlegen, ohne dass die Möglichkeit der persönlichen Gestaltung und Planung besteht. Und viele Menschen, nicht nur die fünf Millionen Arbeitslosen, sondern mindestens die unteren zwanzig Prozent der Bevölkerung, leiden, weil sie mit ihren Geldausgaben äußerst vorsichtig sein müssen. Aber es existiert auch eine Angst, die leidvolle Gedanken verursacht und durch die quälende Frage hervorgerufen wird: Genügt das, was ich tue?

Bereits in den Schulen werden die Kinder auf Leistung, Konkurrenz und Vergleich getrimmt. Universitäten werden in diesen Tagen zu Eliteinstituten hochgepuscht, um sich mit Harvard messen zu können. Wir übernehmen die Dinge, die in Amerika längst negative Beispiele darstellen, und machen sie uns zum Vorbild. Das ist kein gesunder Lebensstil.

Ist also eher die Gesellschaft krank und nicht so sehr der einzelne Mensch?

E. D.: Die Gesellschaft generell ist krank, nicht nur unsere deutsche. Ein Kulturkreis muss krank erscheinen, der sich an den Rändern immer noch die Option für Kriege offenhält und damit seine Bürger in eine schizophrene Situation treibt: Einerseits leben sie nach verfassungsrechtlich festgeschriebenen Gesetzen, andererseits sollen sie dem Befehl: »Du sollst töten« gehorchen, der dem Chaos Tür und Tor öffnet. Eine Gesellschaft, die das Geld als höchsten Wert etabliert hat, muss als krank angesehen werden. Alles hat nur dann Wert, wenn es auf dem Markt in bare Münze umgesetzt werden kann. Und nach diesem Prinzip bieten wir alles zum Ausverkauf an – die ganze Natur, jeder Küstenabschnitt, jeder Flussarm, jeder Urwald, jeder Berg wird an den Meistbietenden verhökert. Tiere werden auf unvorstellbare Weise ausgebeutet, in Massentierhaltung und Pharmalaboratorien grausam gequält, und dies alles nur zur Geldvermehrung. Wer derart mitleidlos mit den Kreaturen an seiner Seite zu leben gezwungen ist, wird auch kaum Mitleid mit Menschen haben. Weil wir den rabiaten Werteverlust, die massive Wertezerstörung mit Glücksverheißungen zu kompensieren suchen, die wieder nur krank machen. Das Versprechen ewiger Jugend treibt Frauen in Konkurrenzkämpfe, die nur in Minderwertigkeitsgefühlen und Frustrationen enden können, treibt Männer in machohafte Potenzfantasien, die schließlich scheitern müssen. Aus all dem spricht ein kollektiver Wahn, der sich immer wieder individuell auswirkt. Aber das ist nichts Neues. Menschen zu heilen und darüber hinaus die Krankheitsfaktoren in der Umwelt und in der Kultur zu benennen und durchzuarbeiten – das sollte und müsste von der Ärzteschaft, den Therapeuten und Neurologen im großen Stil geschehen. Von den Theologen spreche ich gar nicht mehr, weil sie das Thema Heilen in die Esoterik abgeschoben haben.

Es ist irritierend, dass kranke Menschen als Ideale dienen. Magersüchtige Models werden als Schönheitsidole verkauft. Durch solche Vorbilder ist es natürlich schwierig, Frauen darin zu unterstützen, von innen heraus gesund und heil zu werden.

E. D.: Es ist traurig, dass Menschen so etwas mit sich machen lassen. Wenn man einige solcher Illustrierten beliebig durchblättert, findet man unzählige Empfehlungen, die von Schönheitsoperationen über Fitness bis hin zu Diäten reichen. Das Fotomodell Margaux Hemingway, die Enkelin von Ernest Hemingway, hat schon vor vielen Jahren am Rande ihres Ruins gesagt: »Der Wahn der Amerikaner macht Millionen Frauen unglücklich und krank.« Ihre Aussage bringt es exakt auf den Punkt. Wie krank muss man sein, um so etwas mit sich machen zu lassen? Aber es gibt auch Schauspielerinnen, die sich diesem Wahn widersetzen, wie zum Beispiel Christine Neubauer. Sie sagt: »Ich möchte schön sein in meiner Konstitution und mich nicht kaputt hungern.«

Wie erklären Sie sich ein derartiges Verhalten? Sie sagen, dass man dazu bereits in einem gewissen Maß krank sein muss. Ist dann überhaupt ein Heilungsprozess möglich?

E. D.: Ich glaube, dass wir da den zentralen Punkt unserer derzeitigen gesellschaftlichen Pathologie berühren. Wir leben in einer Gesellschaft, die das Individuum nicht mehr fördert. Das mag zuerst paradox klingen, da wir den Egoismus in jeder Form unterstützen. Wir fördern aber nicht den Raum, den es braucht, um die eigene Selbstwertung, Selbstfindung und persönliche Identität zu entfalten. Dadurch werden die Menschen von äußeren Vorgaben abhängig. Mal muss eine Frau fülliger, dann wieder dünn aussehen, Männer sollten einfühlsam und sensibel sein, dann wieder durchsetzungsfähig und stark. Alle paar Monate oder Jahre ändert sich der Trend, dem man zu folgen hat. Es ist ein Irrsein. Die Medien tun ihr Übriges, uns den Kopf zu verdrehen. Wir wissen von der unglaublichen Durchdringungsmöglichkeit der vier, fünf Medienkonzerne, die die Meinung der Weltbevölkerung festlegen. Wir glauben inzwischen, Krieg für die Frauenbefreiung in Afghanistan und gegen die Kleidermode in arabischen Staaten führen zu müssen. Achtzig Prozent der Amerikaner glauben immer noch, dass im Irak ein Anti-Terror-Krieg geführt wird. Kurz: Die Masse wird auf eine Art beeinflusst, wie Georg Orwell es sich in »1984« nicht hatte erträumen lassen. In dieser Deformation des Persönlichen ist natürlich jede Art von Krankheit mit enthalten. Nicht nur für den einzelnen, sondern für den organisierten Chor der Allgemeinheit.

Wie kann ein Mensch trotzdem lernen, auf sich selbst zu hören, für sich selbst Heilung zu erfahren, wenn es der Gesellschaft als Ganzer nicht zu gelingen scheint?

E. D.: Durch Krankheit werden wir auf diesen Weg gezwungen. Wir müssen den Schmerz als ein Signal des Körpers würdigen, wahrgenommen zu werden. Der Schmerz ist Warnung und Mahnung zugleich: Achte auf die Stelle, an der es wehtut. Frag dich, wie du den Schmerz wieder beruhigen kannst, und suche nach seinen Gründen. Mit der Seele verhält es sich genauso. Depressionen sind nicht nur ein Störfall, sondern ein dringender Hilferuf der Seele, sich selbst mehr Beachtung zu schenken – den verdrängten Gefühlen, enttäuschten Hoffnungen und niedergehaltenen Wünschen. Für Ärzte und Psychotherapeuten sollte es eine Selbstverständlichkeit sein, diese Krankheit nicht nur zu bekämpfen, sondern als dringliche Ermahnung der physischen und psychischen Natur zu erkennen, zu einer weiseren Lebensform zurückzufinden. Im alten China bestrafte man Ärzte, deren Patienten krank wurden, für das Versagen, dass Krankheit überhaupt entstehen konnte. Man erwartete von Ärzten, dass sie Weisheitslehrer waren.

Jeder von uns will sich den Herausforderungen des Lebens stellen. Allerdings sind sie heute so unerfüllbar hoch, dass oft das Gefühl entsteht, der Situation nicht Herr werden zu können. Wenn man feststellt, wieder der Unterlegene zu sein und als Verlierer vom Platz zu gehen, sind Depressionen unvermeidbar. Häufig versucht man sie durch Medikamente in den Griff zu bekommen, indem man den Serotoninspiegel hochhält. Viel mehr geschieht in der Behandlung von Depressionen heute kaum. Oft werden auch erbliche Faktoren diskutiert. Stattdessen wäre es aber wichtig, darüber nachzudenken, welche Herausforderungen notwendig sind, um die eigene Persönlichkeit zu entfalten, und welche nicht nur vermeidbar, sondern überflüssig, schädlich und idiotisch sind. Welche Spannungen muss man eingehen, weil sie eine wirklich wesentliche Frage enthalten? Und was ist nur ein aufoktruierter Zwang, den man umgehen oder übergehen sollte? An diesem Punkt sollte die Frage gestellt werden: Was ist wesentlich, und was ist unwesentlich? Was geht mich wesentlich an und was nicht? Schon die Stoiker vor 2000 Jahren stellten sich diese Fragen, was sie als beruhigend empfanden.

Aber sind wir nicht generell einem gewissen Maß an Stress ausgesetzt, weil wir in dieser Gesellschaft überleben wollen? Schließlich müssen wir arbeiten, um uns unseren Lebensunterhalt zu verdienen.

E. D.: Stress schaffende Ängste und Sorgen, die uns durch den Tag jagen …

Genau. Und ich merke, dass mich dieser Stress in einer gewissen Weise krank macht, aber ich bestimmte Dinge tun muss …

E. D.: … damit ein Gefühl von Sicherheit entsteht. Man kämpft und schaufelt permanent Sand von einer Düne, die trotzdem ständig wächst und weitergetrieben wird.

Was kann der einzelne Mensch unternehmen, um nicht krank zu werden und Heilung zu erfahren? Obwohl ich persönlich beispielsweise meditiere und auch in den Rückzug gehe, habe ich das Gefühl, in gewisser Weise gegen Windmühlen zu kämpfen, weil zum Beispiel die Lebenshaltungskosten ständig steigen. Wie kann ich Heilung vom Stress des Alltags finden?

E. D.: Sie haben zu Beginn des Gesprächs den Buddhismus erwähnt. In diesem Zusammenhang soll dann natürlich auch nicht die wunderbare Lehre des 6. Kapitels im Matthäus-Evangelium aus dem Munde Jesu vergessen werden: Sie lautet: »Sorgt euch nicht um den morgigen Tag, der heutige ist schon schwer genug.« Ich denke, dies ist die beste Stresslösung. Man kann auf die dauernde Angst: »Was mag noch alles kommen, wie kann ich mich gegen Schäden beim Autofahren, gegen Feuer, Brand, Wasser oder Erdbeben schützen«, keine definitive Antwort geben. Man kann diesen Albtraum der vorweg fantasierten Schadensmöglichkeiten in der Zukunft und einer umfassenden Generalversorgung, die daraus zu folgen hat, nur dadurch lösen, in dem man von Tag zu Tag, von Stunde zu Stunde denkt. Denn nur das liegt wirklich in unserer Hand. Was morgen sein wird, weiß ich sowieso nicht. Und ich kann, egal was passiert, nur mich als den Menschen, der ich jetzt bin und der ich sein werde, in die Zukunft hineinnehmen. Das ist die einzige Sicherheit, die wir haben.

Finden Sie die finanzielle Altersvorsorge an sich übertrieben?

E. D.: Rabiat übertrieben. Ich kenne Menschen, die mit 55 Jahren – die vielleicht beste Zeit ihres Lebens – damit vertun, daran zu denken, was in 10 oder 15 Jahren sein wird. Ein reiner Albtraum. Sie denken nicht darüber nach, dass sie in 10 oder 15 Jahren vielleicht gar nicht mehr leben. Jeder Bandscheibenvorfall, der heute passiert, kann mehr bedeuten als die ganze Vorsorge für das, was in 15 Jahren sein wird. Aber so existieren wir, und unsere Politiker unterstützen uns darin. So, als wenn sie allwissend und allmächtig wären, kalkulieren sie die Rente in 25 Jahren, als hätten sie irgendeine Ahnung, wie die Welt dann aussehen wird. Inmitten einer Welt, die völlig unsicher ist und uns ständig einlädt, Angst zu haben, sollten wir durch Vertrauen, ich füge dringlich hinzu, die Ruhe wieder erlernen, die den Tieren selbstverständlich ist. Die Eichhörnchen sammeln ihre Nüsse für den Winter, viel mehr aber nicht.

Inwieweit kann Religion uns bei unserem individuellen Heilungsprozess unterstützen?

E. D.: Insofern, als wir die objektive Zufälligkeit, den Faktor der Sinnlosigkeit und Absurdität von vielen Krankheitsformen, eigentlich nur mildern können durch eine völlig jenseitige transzendente Dimension unserer Existenz. Denn nur auf Erden geht diese Rechnung nie auf. Wir rackern uns ab, da das Leben angeblich sinnlos ist, wenn wir nicht Leistung produzieren, wenn wir nicht tüchtig sind, wenn wir nicht gesellschaftliche Anerkennung finden, obwohl uns dies von uns selbst entfernt. Religion ist ein äußerst wichtiger therapeutischer Faktor, weil sie uns in jeder ihrer Spielarten und Ausprägungen lehrt, zu uns selbst zu kommen und dort den einzig entscheidenden Parameter für uns zu finden. Gott hat uns nur als uns selbst gewollt. Nicht als unseren Nachbarn, nicht als unsere ältere Schwester oder den jüngeren Bruder. Wir haben die Aufgabe, nach unserem Selbstformat zu leben. Und dann sind, bildlich gesprochen, Vergissmeinnicht so schön wie Lilien und Rosen. Alles hat seine ihm eigene Wesensschönheit. Einzig und allein unsere Maßstäbe sind falsch. Ein Schüler des Laotse meinte einmal: Entenbeine sind nicht kurz, und Kranichbeine sind nicht lang. Nur unsere Maßstäbe, wollte er sagen, sind verkehrt.

Andersherum gefragt: Hat Religion auch ein krank machendes Element?

E. D.: Freilich. Sie kann, mit dem Blick auf den Katholizismus, ein System autoritärer Außenlenkung werden, mit zwangsneurotischen Formen der Triebunterdrückung, abergläubischen Formen, ideologischen Gleichschaltungen, einem unaufgeklärten Dogmatismus. Das ist, für eine Milliarde Menschen auf diesem Globus verordnet, keine Kleinigkeit.

Für mich gibt es einen Raum in mir, der nicht verletzbar ist und infolgedessen auch keine Heilung braucht. Wie können wir mit diesem Raum in Kontakt kommen oder sogar dort bleiben, um eine tiefe Heilung zu erfahren?

E. D.: Es gibt spirituelle Techniken wie die Meditation, in der christlichen Tradition ist es das Gebet. Ich denke, dies sind zwei Wege, die dorthin führen können – zu einer tiefen, respektvollen und dankbaren Betrachtung der vielfältigen Lebensformen, die uns umgeben. Jede Blume, jedes Tier hat seine unglaubliche Kostbarkeit. Es gilt das Wunder von allem, das existiert, zu würdigen. Die Schutzbedürftigkeit von allem, was ist, wiederzufinden. Und gefühlsmäßig damit in Korrespondenz zu treten ist ein wichtiger Schritt, nicht zu verzweifeln. Ich glaube, man kann nur tief verzweifelt sein, wenn es nichts mehr gibt, was man wirklich liebt. Und das andere ist, dass man ja selbst dem Kontext Leben angehört. Es gibt nichts, was man dem anderen an Wert zumessen würde, wenn es nicht mittelbar auch in einem selbst zu entdecken wäre. Nur nicht mehr im Allgemeinen, sondern im ganz und gar Individuellen. Kurz: Es ist sehr wichtig, die eigene Biografie begreifen zu lernen, sie in Ehrlichkeit durchzuarbeiten, in einem Klima, in einem Erlaubnisraum des nicht Verurteiltwerdens. Aber diese beiden Komponenten, Respekt und Ehrlichkeit, sind gute Voraussetzungen, um Gott zu finden und sich selbst.

Roland Lüthi

Die heilende Kraft der Worte

Worte können leicht sein wie eine Feder oder massiv wie ein Berg. Sie können Balsam für die Seele sein oder verletzend wie der Schuss eines Gewehrs – je nachdem, mit welcher Absicht wir sie senden und mit welchem Verständnis wir sie empfangen. Aus diesem Grund spielt das Prinzip der Achtsamkeit eine so herausragende Rolle in der verbalen Kommunikation. Setzen wir die Sprache nämlich bewusst ein, dann kann sowohl auf der körperlichen als auch auf der emotionalen und seelischen Ebene tiefe Heilung geschehen. Wie wichtig ein heilvoller Umgang mit Worten ist, versucht Roland Lüthi, Ausbildungsleiter an der Schule für Erwachsenenbildung, Leitung und Führung SELF in Bern und Mitgründer der Unternehmensberatung PACT und des Yoga Forum in München, Führungskräften und Bildungsfachleuten zu vermitteln. Denn nur wenn wir in gesunden Unternehmen arbeiten und einen achtsamen Umgang miteinander pflegen, können wir als Individuen und als Gesellschaft gesund sein, so lautet die These von Roland Lüthi. Deshalb möchte er seinen Studenten eine Kultur der Kommunikation vermitteln, die zugleich erkenntnisgewinnend und alltagsrelevant ist und ihnen hilft, das Prinzip der Achtsamkeit im Berufsalltag in den Führungsetagen anzuwenden, so dass auch im Geschäftsleben ein respektvoller und dadurch heilvoller menschlicher Umgang entsteht.

Welche Rolle spielen Worte bei der Heilung eines Menschen?

Roland Lüthi: Sie spielen sowohl bei der Heilung wie auch der Verletzung durch ihre semantische Bedeutung beziehungsweise den inhaltlichen Informationsgehalt und auch durch die Art und Weise, wie sie vermittelt werden, eine große Rolle. Wie sich der Informationsgehalt auswirkt, beweisen die Untersuchungen des Japaners Masaru Emoto. Er hat die Wirkung von Worten und Musik auf Wasserkristalle untersucht und diese dann unter dem Mikroskop fotografiert. Je nach Wort, ob freundlich oder aggressiv, sehen die Wasserkristalle ganz unterschiedlich aus. Durch das Wort »danke« oder »Liebe« entsteht eine wunderschöne, klare und helle Struktur des Kristalls. Bei dem Wort »Hass« hingegen ist die Kristallstruktur dunkel und unklar. Übertragen auf den Menschen, der ja zu siebzig Prozent aus Wasser besteht, können wir davon ausgehen, dass positive Worte den Heilungsprozess eines Kranken, aber auch die Entwicklung und Lernprozesse des gesunden Menschen unterstützen. Darüber hinaus besitzen Worte bei jedem Menschen eine eigene individuelle Bedeutung. Das heißt, dass nicht nur der Absender die Worte mit einem positiven oder negativen Wert, also einer Absicht, verschickt, sondern auch der Empfänger den Worten durch seine Entschlüsselung eine individuelle negative oder positive Bedeutung verleiht, was ebenfalls eine Wirkung auf ihn ausübt.

Mittlerweile gibt es eine Vielzahl von Untersuchungen, die zeigen, dass der Mensch in der Kommunikation mit seiner Umwelt durch die ausgesprochenen Worte und Wortfolgen immer auch sich selbst pflegt beziehungsweise heilt oder aber verletzt. Sich selbst pflegen oder heilen bedeutet in diesem Zusammenhang, einen achtsamen Umgang mit sich selbst zu kultivieren. Deshalb sollte man darauf achten, eine Sprache zu benutzen, die den eigenen Selbstwert erhält und fördert. Aber auch im Umgang mit anderen Menschen sollte Sprache achtsam benutzt werden, weil sie den Selbstwert des Gegenübers erhält und fördert. Das wiederum führt dann auch dazu, dass wir Beziehungen auf der persönlichen Ebene heilen und uns mit Respekt, Achtung und gegenseitiger Wertschätzung behandeln können. Selbst auf der gesellschaftlichen Ebene bringt ein achtsamer Umgang mit Sprache Heilung und schafft Frieden.

Dies zeigt zum einen die Arbeit des buddhistischen Mönchs Thich Nhat Hanh, der die Achtsamkeit in einem hohen Maße kultiviert hat und dem es dadurch gelungen ist, Gruppen von Israelis und Palästinensern dazu zu bringen, miteinander zu sprechen und eine gemeinsame achtsame Kommunikation zu entwickeln. Und zum anderen sei hier auch die Arbeit von Marshall Rosenberg erwähnt, dem Begründer der Gewaltfreien Kommunikation, der für seine Arbeit bereits zahlreiche Auszeichnungen erhalten hat, was zeigt, wie wichtig der Umgang mit Sprache ist.

Worauf sollte man bei der Wahl der Worte vor allem sein Augenmerk richten?

R. L.: In erster Linie sollte man achtsam und bewusst mit ihnen umgehen. Bei der Wahl der Worte sollte man sich besonders ihres Informationsgehaltes bewusst sein. Genauso achtsam sollte man auch bei der Art und Weise sein, wie Worte ausgesprochen werden, zum Beispiel empathisch, und auf die verfolgte Absicht des Absenders, den Appell im Sinne von Befähigung oder Entfähigung des Gegenübers achten. Das heißt nicht, dass man die Worte betonen muss. Viel wichtiger ist die Wahl der Worte. So haben zum Beispiel alle Begriffe, die Nähe mit deutlich transparenten Grenzen wie Freundschaft, Liebe, Akzeptanz, Gemeinsamkeit, Achtsamkeit, Respekt, Offenheit, Ehrlichkeit und weiteres ausdrücken und im Sinne von Inhalt, Beziehung oder Appell eingesetzt werden, eine pflegende und heilende Wirkung auf den Menschen. Umgekehrt haben Worte der Aggression, der Wut, des Neids, der Eifersucht, der Ablehnung, des Haderns, der Verbitterung, wiederum im Sinne von Inhalt, Beziehung oder Appell, eine verletzende Wirkung.

Gibt es Worte, die man grundsätzlich nicht verwenden sollte?

R. L.: Ja, solche, die uns selbst und das Gegenüber niedermachen, beleidigen und verletzen. Dazu gehören Spott, Hohn, Gewalt, negative Gefühle gegenüber dem eigenen Körper, Aussagen, die das Gefühl ausdrücken, alles falsch zu machen, wiederholte Ausdrücke von Unsicherheit, Polarisierungen, von Heucheleien, Lügen, Leugnungen der Realität, Projektionen auf andere, ständiges Klagen über etwas, sich selbstnegierende Äußerungen, fehlgeleiteter Zorn gegen sich selbst, Entscheidungsunfähigkeit und Ähnliches.

Welche Form der Kommunikation ist Ihrer Meinung nach besonders heilsam?

R. L.: Ich verweise hier gerne auf Marshall Rosenberg, den ich vorhin schon erwähnt habe. Die von Rosenberg entwickelte Gewaltfreie Kommunikation, kurz GFK genannt, unterstützt Menschen darin, sich selbst gegenüber ehrlich zu sein, sich in Gesprächen klar auszudrücken und dabei dem Gegenüber gleichzeitig respektvolle und einfühlsame Aufmerksamkeit zu schenken. Der durch diese Technik erzielte aufmerksame Umgang führt dazu, dass wir langfristig uns selbst und anderen Menschen gegenüber aufmerksamer werden und infolgedessen eine wachsende Wertschätzung und Einfühlung für uns und andere Menschen entwickeln und fördern, um dann vom ganzen Herzen aus zu sprechen – und schließlich zu sein. Bei der Gewaltfreien Kommunikation nach Rosenberg wird das Bewusstsein auf vier Komponenten gerichtet:

1. Beobachtungen: Hier wird beobachtet, was tatsächlich in einer Situation geschieht: Die Kunst besteht darin, unserem Gegenüber die Beobachtung, die wir während dieser Situation gemacht haben, ohne Bewertung mitzuteilen und sie objektiv zu beschreiben.

2. Gefühle: Als Nächstes wird ausgesprochen, wie wir uns in dieser Situation fühlen, wenn wir diese Handlung beobachten. Fühlen wir uns verletzt, froh, erschrocken, amüsiert, irritiert?

3. Bedürfnisse: Im dritten Schritt teilen wir mit, welche unserer Bedürfnisse hinter den Gefühlen stehen. So kann zum Beispiel eine Mutter ihrem Sohn gegenüber die drei Bestandteile folgendermaßen ausdrücken: »Felix, ich ärgere (Gefühl) mich, wenn ich deine dreckigen Socken unter dem Kaffeetisch sehe (Beobachtung) und noch drei neben dem Fernseher, weil ich in dem Raum, den wir gemeinsam benutzen, mehr Ordnung brauche (Bedürfnis).«

4. Bitten: Nun erst wird in einem vierten Schritt mitgeteilt, was wir von der anderen Person wollen, so dass unser beider Leben schöner wird. Es geht also darum, was man konkret tun kann, um die Lebensqualität zu verbessern. So würde die Mutter zu ihrem Sohn Folgendes sagen: »Felix, tu deine Socken bitte in dein Zimmer oder in die Waschmaschine!« Anfangs ist die Verwendung der vier Schritte vielleicht etwas technisch, aber mit der Zeit werden sie immer mehr verinnerlicht, so dass man dann vom Herzen aus kommunizieren kann.

Können durch Worte auch Selbstheilungskräfte aktiviert und ärztliche Therapien unterstützt werden?

Auf jeden Fall. Ich selbst habe durch sophrologische Techniken Sportler darin unterstützt, dass die Heilungszeit von Sportverletzungen stark verkürzt wurde. Es ging darum, dass sich die betroffenen Sportler den physiologischen Prozess der Heilung bis auf die Stufe der Zellen vorstellten und durch Entspannung und entsprechende ritualisierte Wortfolgen unterstützten.

Bei Knochenbrüchen sollten sich die Sportler in tiefer meditativer Entspannung an den inneren Ort des Geschehens im Knie, am Sprunggelenk etc. begeben und sich an die Knochen, die abgerissenen Bänder mit langsam, empathisch und befähigend gesprochenen Wortfolgen wenden wie: »Knochen, in tiefer Liebe, Respekt und Gemeinsamkeit, darfst du dir Zeit für deine Heilung nehmen. Wenn du etwas brauchst, dann zeige es mir. Ich unterstütze dich in deinem Heilungsprozess. Ich freue mich über die Zeit, die du mir schenkst, und über unser gemeinsames Wachsen in Ganzheit.« Oder: »Kreuzband, ich unterstütze dich in deinem Heilungsprozess. Ich habe viel Zeit, ich gebe sie dir und mir und sorge dafür, dass du in Schönheit heilen kannst und ich mich mit dir entwickle. Liebe, Sorgfalt, Ruhe und Entspannung, frisches Blut, Sauerstoff, Nährstoffe, Medikamente – ich schenke dir, was dir guttut!« Eine Variante bestand darin, dass die verletzten Sportler Worte und Sätze, die in ihrer individuellen Lebenswelt eine hohe positive emotionale Bedeutung hatten, gestaltend aussprachen (sich die Worte meditativ auf der Zunge zergehen ließen) und sich mental in dazu passende Alltagssituationen begaben. Beispiele sind: Liebe: ich liebe mich, ich liebe meine Partnerin; Schönheit: ich bin schön; Ferien; Meditation; Partner, Partnerin; Erfolg: ich bin erfolgreich; Liebkosung: Nähe, Streicheln; Geschwindigkeit; Sieg etc. In jedem Fall wurde der physiologische Heilprozess durch ein zusätzliches mentales Training in Selbstakzeptanz und Selbstliebe ergänzt.

Affirmationen und Mantren können die Selbstheilungskräfte aktivieren. Sie zählen für mich zu den ritualisierten Formen von Worten und Wortfolgen, die die Heilung des Menschen fördern. Affirmationen im Sinne von positiv gehaltenen, selbstverstärkenden Aussagen, die rezitativ wiederholt werden, können die Entwicklung des gesunden Menschen und den Heilungsprozess fördern, in Form eines Mantra, einer positiven sich selbsterfüllenden Prophezeiung, eines Postulates oder als positive, freie Selbstkonditionierung. Das Wiederholen von heiligen oder positiven Selbstsuggestionen hat eine sehr alte Tradition und existiert in vielen Formen und Kulturkreisen.

Mantren muss eine besondere Bedeutung beigemessen werden, da ihnen erwiesenermaßen eine starke Heilkraft innewohnt. Der Dalai Lama hat einmal gesagt, dass Mantren die gleiche Wirkungskraft haben können wie technische Waffen. Seine Äußerung macht deutlich, wie stark Worte wirken können. Aber auch in anderen Traditionen wie zum Beispiel im

Yoga werden Mantren ihrer großen Heilkraft wegen bewusst eingesetzt. Hier werden auch die Rezitationen von vedischen Versen als sehr heilsam empfunden. Man sagt, dass es besonders der Klang des Sanskrit ist, der so außergewöhnlich ist und Heilung im Menschen verursachen kann. Er hat ganz unterschiedliche Qualitäten. So versetzt die Abfolge der Klänge nach und nach gezielt einzelne Körperregionen in heilsame Vibrationen und bewirkt eine Art Neuausrichtung. Nach T. K. V. Desikachar, einem der bekanntesten Yogalehrer Indiens, ist für die maximale Vibration die exakte Betonung und Aussprache der Sanskrit-Wörter wichtig, während ihre inhaltliche Bedeutung im Heilungsprozess eine untergeordnete Rolle spielt. Diese Aussage steht zwar im Gegensatz zu dem oben angesprochenen Aspekt, dass es gerade der Inhalt der Worte ist, der eine heilende Wirkung hat, aber mir ist es wichtig, diesen Aspekt aus dem Yoga auch aufzuzeigen, weil damit deutlich wird, wie vielschichtig die Wirkung der Worte sein kann.

Hat es Auswirkungen auf die eigene Gesundheit, wie wir über uns denken und sprechen?

R. L.: Der Mensch entwickelt im Laufe seines Lebens ein subjektives Gefühl von Wohlbefinden, Gesund- oder Kranksein, das sich immer wieder verändern kann. Das bedeutet, dass sich der Mensch in seinen Gedanken nicht nur imaginär ständig auf einem sogenannten Gesundheits- und Krankheitskontinuum hin- und herbewegt, sondern auch Lebensphasen durchlaufen kann, in denen er Teile von sich als gesund und andere als krank erlebt und dementsprechend beurteilt. In einem Gespräch hat mir ein Olympiasieger der Paralympics erklärt, dass er sich in seiner Gesamtheit als gesunden Menschen erlebt, und auch so über sich denkt und spricht, obwohl er durch die Lähmung seiner Beine in seiner Mobilität eingeschränkt ist. Gerade er ist ein überzeugendes Beispiel dafür, wie sich eigene Einschätzungen, Gedanken, Konzepte zur eigenen Befindlichkeit und Gesundheit auf die Gesundheit auswirken. Und wer hat in seinem Umfeld nicht mindestens einen Bekannten, der sich ständig als Opfer fühlt und seine Situation beklagt. Ein solcher Mensch wird aufgrund seiner Geisteshaltung und die Art und Weise, wie er von sich selbst spricht, immer wieder Situationen erleben, in denen er zum Opfer wird. Hier wird deutlich, dass jeder Mensch durch seine Wahrnehmung, sein Denken, seine Äußerungen und entsprechenden Handlungen seine eigene Wirklichkeit konstruiert. Wer die Welt als ständige Gefahr betrachtet, wird bald genügend Argumente finden, sich als Opfer zu sehen und dementsprechend zu verhalten. Wer die Welt positiv erlebt, wird sich auch den Herausforderungen des Alltags gewachsen fühlen und entsprechend über sich denken und reden.

Warum ist es so wichtig, über seine Gefühle zu sprechen und diese auszudrücken?

R. L.: Wer über seine Gefühle spricht und diese in einem geschützten Rahmen sorgsam ausdrückt, gewinnt Erkenntnisse darüber, mit welchen Erfahrungen – auch traumatischen – und Erlebnissen sie verknüpft sind. Es geht nicht nur darum, über Gefühle zu sprechen und diese auszudrücken, sondern sich in einen Prozess der Selbstreflexion und des Lernens zu begeben, um konkret Erfahrungen, Erlebnisse und damit verknüpfte Gefühle exakt zu beschreiben, zu benennen, zuzuordnen, zu bewerten, neu zu betrachten und in andere Zusammenhänge zu stellen. Dieser Prozess führt zu einem neuen, erweiterten Lebensgefühl der Befreiung, Sicherheit und Offenheit für zukünftige Erfahrungen und Erlebnisse, ohne Angst davor zu haben, Fehler zu machen. Wer sich in diese Form des Sprechens und Ausdrückens seiner Gefühle begibt, schafft sich eine breitere emotionale und kognitive Welt der Erfahrung und des Erlebens. Darüber hinaus ist mittlerweile bekannt, dass es krank machen kann, wenn man alle Gefühle, Ängste und Sorgen runterschluckt. Demzufolge kann es heilsam sein, offen über seine Gefühle zu sprechen.

Wie können wir für uns selbst eine heilsame Sprachkultur entwickeln?

R. L.: Hier spielt erneut die Achtsamkeit eine zentrale Rolle. Um Thich Nhat Hanh zu zitieren: »Wenn ich spreche, dann spreche ich. Und wenn ich höre, dann höre ich.« Im übertragenen Sinne bedeutete es, beim Sprechen sowohl auf uns selbst wie auch auf die Reaktionen und Feedbacks der anderen zu »hören«. Der eigene Körper und die eigenen Gefühle sind hervorragende Resonanzkörper für Schwingungen nach innen und außen. Voraussetzung dafür ist, dass sich der Mensch durch Meditation und Körperwahrnehmungsübungen und der daraus resultierenden Achtsamkeit entwickelt und sich auf die Spuren der Essenz begibt. Wer aus der Essenz heraus agiert, handelt kompetent und richtig – in der Gegenwart und für die Zukunft.

Die Wirkung der Worte – Übung nach Roland Lüthi

Folgende Übung bietet eine Möglichkeit, die unmittelbare Kraft der positiven und negativen Worte zu sehen. Nehmen Sie dazu zwei Portionen gekochten Reis, und verteilen Sie ihn auf zwei Schüsselchen. Das eine Schüsselchen besprechen Sie nun drei Wochen lang mit: »Schön, dass es dich gibt!« Und/oder: »Ich/wir lieben dich und sind froh, dass du da bist.« Das zweite Schüsselchen besprechen Sie ebenfalls drei Wochen mit den Worten: »Du bist wirklich schrecklich!« Und/oder: »Es ist wirklich eine große Zumutung, dass du da bist.« Nach maximal drei Wochen können Sie bereits eine Veränderung am Reis feststellen.

Versuchen Sie herauszufinden, wann Sie sich selbst und andere Menschen in Ihrem Alltag wie die beiden Reisschüsselchen behandeln. Verzichten Sie in Zukunft auf die entfähigende, niedermachende und gewalttätige Art – auch sich selbst gegenüber –, und werden Sie zum Meister oder zur Meisterin der Befähigung und Achtsamkeit.

Heilung durch die Begegnung von Mensch zu Mensch, von Herz zu Herz

Wir befinden uns auf allen gesellschaftlichen Ebenen in einer tiefen Krise, die sich unter anderem im Gesundheitssystem ausdrückt. Viele Kranke empfinden die Art und Weise, wie mit ihnen in manchen schulmedizinischen Bereichen des Gesundheitssystems umgegangen wird, als äußerst frustrierend und manchmal sogar als krankheitsfördernd. Sie fühlen sich als eine vom Arzt gespeicherte Nummer oder Diagnose und haben den Eindruck, nicht als Mensch wahrgenommen zu werden.

Und immer mehr Menschen haben ein Gespür dafür, was sie krank macht und was sie heilen könnte. Meist ist es der Verstand, der sie davon abhält, ihrem Gefühl auf den Grund zu gehen und ihm zu folgen.

Dabei handelt es sich um eine tiefe Intuition, eine Verbindung mit einem kosmischen Wissen, das nicht intellektueller Natur ist, aber jedem Menschen innewohnt, auch wenn es uns nicht bewusst oder noch nicht zugänglich ist. Wir haben zwar manchmal eine Ahnung, können sie aber nicht immer in Worte fassen. Manchmal aber ist uns dieses Wissen nicht zugänglich, weil es verschüttet unter Vorstellungen, Konzepten und Konditionierungen liegt. Darüber hinaus wird diesem Wissen in unserer vom Intellekt beherrschten Gesellschaft und unserem Gesundheitssystem, das auf empirischem Wissen basiert, nicht sehr viel Beachtung geschenkt.

Andererseits gibt es auch im Rahmen der Schulmedizin Ärzte, die den Patienten in den Mittelpunkt stellen, so dass eine Behandlung von Mensch zu Mensch, von Herz zu Herz stattfindet.

Bei einer solchen Herangehensweise löst sich die hierarchische Struktur zwischen Arzt und Patient auf, und es kommt zu einer Begegnung zwischen zwei Menschen, die sich als Team begreifen und entsprechend aufeinander einlassen. In dieser Begegnung geht es weniger darum, ein körperliches Symptom zu eliminieren, als sich für den Hintergrund und für den Zusammenhang des Leidens auf einer tieferen und ganzheitlichen Ebene zu öffnen. Für den kranken Menschen entsteht dadurch die Möglichkeit, sich dem Arzt, sich selbst und dem Leben gegenüber auf einer umfassenderen Ebene zu öffnen.

Jakob Bösch

Nichts Wirkliches kann bedroht werden

Immer mehr Menschen wenden sich von den konventionellen Behandlungsformen der Schulmedizin ab und suchen nach anderen Heilmethoden, bei denen sie sich als ganzheitliche Wesen gesehen, respektiert und in Folge auch behandelt fühlen. Neben der Naturheilkunde setzt sich in den letzten Jahren auch das Spirituelle Heilen durch. Dass diese Methode des Heilens als eine ernstzunehmende und seriöse Behandlungsform Anerkennung findet, ist unter anderem ein Verdienst des Schweizers Jakob Bösch. Nach dem Medizinstudium am Institut für Hirnforschung an der Universität Zürich arbeitete er zehn Jahre lang an der Psychiatrischen Poliklinik am Universitätsspital Zürich, zuletzt als leitender Arzt und Privatdozent. 1991 bis Ende 2005 war er Chefarzt der Externen Psychiatrischen Dienste Baselland und Privatdozent für Psychiatrie und Psychosoziale Medizin an der Universität Basel. Jakob Bösch beschäftigt sich seit Jahrzehnten mit geistigem Heilen und untersucht in Forschungsprojekten die Arbeit von geistig Heilenden in der Schulmedizin. Durch seine Arbeit und durch sein Buch *Spirituelles Heilen und Schulmedizin* ebnete er einen Weg zur konstruktiven, zukunftsweisenden Zusammenarbeit zwischen Schulmedizin und Spirituellem Heilen. Laut Jakob Bösch spielt in diesem neuen Medizinverständnis die Selbstverantwortung und das Selbstbewusstsein des Einzelnen in seinem individuellen Heilungsprozess eine zentrale Rolle.

Wie definieren Sie den Begriff Heilung?

Jakob Bösch: Das hängt davon ab, ob Heilung auf körperlicher, seelischer oder geistig-spiritueller Ebene gemeint ist. Je nachdem können die Antworten sehr verschieden ausfallen. Für mich sind Definitionen aber nur von begrenztem Nutzen, und ich bin diesbezüglich sehr zurückhaltend.

Ist Heilung demzufolge für Sie ein ganz individueller Prozess?

J. B.: In den meisten Fällen schon. Es sind jeweils sehr persönliche Wege.

Sollte man darauf verzichten, einem Menschen allgemein gültige Tipps und Regeln an die Hand zu geben, wie das in der Ratgeberliteratur üblich ist?

J. B.: Ja, aber das sind meine ganz persönlichen Erfahrungen. Allerdings können Ratgeber Kontaktadressen vermitteln und Suchenden so den Einstieg erleichtern. Allgemeine Verhaltensratschläge sind aber kaum hilfreich. Die Menschen sind zu verschieden, und ihre Erkrankungen müssen ganz individuell verstanden werden. Ich habe erfahren, wie verschieden die Menschen auf mein Buch reagieren. Sie fühlen sich von ganz unterschiedlichen Aussagen angesprochen. Für die einen ist das Buch schwierig; andere hingegen sagen: »Es ist mir eine Welt aufgegangen. Ich fühlte mich tief berührt und habe geweint.« Richtigerweise nimmt sich jeder Leser das heraus, was für ihn passt.

Entsteht durch Ihre Herangehensweise vielleicht auch eine ganz besonders tiefe Möglichkeit der Öffnung, eben weil Sie keine Ratschläge geben?

J. B.: Ja. Ich glaube schon. Die Medizin klärt uns über so vieles auf, was wir tun und unterlassen sollten. Das ist irreführend, denn es stimmt für einige, ist aber für andere gerade das Falsche. Tendenziell werden persönliche Erfahrungen zu sehr verallgemeinert. Das weckt zunächst große Hoffnungen und führt dann bei vielen zu einem Gefühl der Enttäuschung, so dass sie sich als Versager fühlen.

Was ist charakteristisch für Ihren Umgang mit Patienten?

J. B.: Die Bereitschaft, den Hilfe suchenden Menschen und sein Leiden zu begreifen. So kommt es oft zu einer heilenden Begegnung, die mit unserem heutigen Wissen nur teilweise verstanden werden kann. Den Kranken wird durch die Therapierenden etwas gespiegelt, das ihnen hilft, sich selbst besser zu verstehen und umgekehrt. Solche Begegnungen sind immer auch Angebote für die Therapierenden, bei sich Heilung zuzulassen. Darum wird den Therapeuten gesagt: »Jeder Patient kommt zu deiner Heilung.« Diese Art von Heilung kann nur gemeinsam geschehen. Heute habe ich zum Beispiel den Brief einer Patientin erhalten, die vor einigen Tagen bei mir war. Sie hat sich für das Gespräch bedankt und geschrieben: »Schon auf dem Weg zu Ihnen hat sich etwas in mir gelöst.« Das sind Vorgänge, die wir mit dem heutigen Verständnis der Medizin nicht erklären können.

Was genau ist mit dem Satz gemeint: »Jeder Patient kommt zu deiner Heilung?«

J. B.: Heilung wird hier weniger als aktives Tun des einen verstanden, sondern als heilende Begegnung zweier Menschen, die beide durch die andere Person mehr von sich selbst verstehen und akzeptieren können. Dieses Verstehen und Akzeptieren ist ein Vorgang der Versöhnung, ein Akt der Selbstheilung, der meist auch Heilung und Versöhnung im Gegenüber aktiviert. Auf geheimnisvolle Art und Weise stehen wir in Resonanz zueinander; wir sind nur scheinbar voneinander getrennt, auf einer tieferen Ebene sind wir eins.

Und wie kommen wir mit diesem Einssein in Kontakt?

J. B.: Dieses Einssein besteht, es muss nicht gesucht oder hergestellt, sondern nur erkannt und im Bewusstsein zugelassen werden. Das Bewusstsein kann in diesem Sinne alles heilen.

Wir kennen die vielen Gebote und Ratschläge: »Ihr müsst das Licht suchen! Ihr müsst euch transformieren! Ihr müsst höher streben!« Das ist immer eine Entwertung des gegenwärtigen Zustandes. Wir sind immer schon Licht. Wir sind immer schon göttlich. Es geht nur darum, es zu erkennen. Mit der Aussage: »Was ich jetzt bin, ist schlecht oder unentwickelt«, entferne ich mich von mir, was meiner Ganzheit nicht förderlich sein wird.

Und dieser göttliche Teil ist unverletzlich?

J. B.: Der erste Satz in dem Buch *Ein Kurs im Wundern* lautet: »Nichts Unwirkliches existiert – nichts Wirkliches kann bedroht werden; hierin liegt der Friede Gottes.«

Das klingt zunächst abstrakt, aber das Erfühlen und Erkennen, dass nichts Wirkliches bedroht werden kann, führt zu innerem Frieden und zu Gelassenheit. Dieses Bewusstsein gibt dem Vertrauen die Chance, ständig zu wachsen und zu wissen: Jede Erkenntnis und jede Heilung findet ihren Weg zur richtigen Zeit.

Wie kann ein Mensch lernen, wieder selbst in Harmonie mit einer übergreifenden Ordnung zu kommen und damit einhergehend in Richtung des Göttlichen zu gehen?

J. B.: Wie vorhin schon gesagt: durch Akzeptanz, Vertrauen und Versöhnung. Besonders die innere Versöhnung mit sich selbst, das Nicht-Urteilen und -Verurteilen halte ich für sehr wichtig. Das führt zur Erkenntnis, dass es kein »In-Richtung-des-Göttlichen-Gehen« geben kann, weil das Göttliche immer schon in und um uns ist.

Wenn ich mich mit dem Göttlichen auseinandersetze, beschäftige ich mich ja mit meiner Spiritualität. Inwiefern schützt und bewahrt Spiritualität die eigene Gesundheit?

J. B.: Auch hier müsste man wieder genau ansehen, was unter Spiritualität verstanden wird und wie die Praxis aussieht. Nach den heute vorliegenden Studien zeigt sich bei religiösen Menschen häufig ein positiver Gesundheitseffekt. Aber auch das Gegenteil kann der Fall sein. Unter Spiritualität und religiöser Praxis kann man sehr Verschiedenes verstehen; das muss bei jedem Menschen individuell betrachtet werden.

Angenommen ein Mensch empfindet sich nicht als spirituell, aber ausgelöst durch eine Krankheit verspürt er das Bedürfnis, eine spirituelle Praxis auszuüben, zum Beispiel zu beten. Wie kann man als Patient das Beten wiedererlernen, um den eigenen Heilungsprozess zu unterstützen?

J. B.: Dazu gibt es so viele Wege, wie es Menschen gibt. Diejenigen, denen Beten ein Bedürfnis ist, werden ihren persönlichen Weg finden. Wohlwollende, liebende Mitmenschen, die mit Beten vertraut sind, können hierbei sicherlich eine Hilfe sein.

Inwiefern ist ein Mensch für die eigene Gesundheit und Krankheit verantwortlich, und inwieweit ist auch das »Gottes Wille«?

J. B.: Ich stimme dem Satz von Rudolf Steiner zu, der gesagt hat: »Wenn der Mensch nicht mehr weiter weiß, schicken die Götter die Krankheit.« Und Anouk Claes sagt: »Der Körper will immer das Beste für uns in Gesundheit und Krankheit.« Es geht auf dieser Erde darum, Erfahrungen mit der Materie zu machen, es geht um Erkenntnisgewinn. Manchmal hilft uns der Körper dabei, indem er krank wird.

Wie kann ein Mensch lernen, sich den Rat vieler spiritueller Traditionen für die eigene Heilung zu eigen zu machen, so zum Beispiel: »Segne, was dir nicht entspricht, und gehe ruhig deinen Weg weiter. Gib keine Kraft in etwas, das du als negativ empfindest, indem du es bekämpfst!«

J. B.: Gewisse Formulierungen gehen sogar noch weiter: Man soll das sogenannte Gute und das sogenannte Böse gleichermaßen segnen und sich mit keinem verbinden. Insbesondere soll man auch nicht das sogenannte Negative bekämpfen. Denn in alles, was wir bekämpfen, geben wir Kraft, wodurch wir es stärker machen, so dass es gegen uns zurückkämpft. Sobald wir aufhören, zu werten und zu urteilen, beginnen wir uns aus dieser Polarisierung zu befreien.

Ich stehe voll und ganz hinter diesen Aussagen. Wer sie annehmen kann, wird auch lernen, diese Empfehlungen immer besser im täglichen Leben anzuwenden.

Wie kann ein kranker Mensch mit Selbstmitleid, Wehleidigkeit und dem Gefühl, vom Leben ungerecht behandelt worden zu sein, umgehen? Und wie kann man bei solchen Gefühlen einen Weg finden, der zur Heilung führt?

J. B.: Wenn ich erkenne, dass ich Selbstmitleid habe, das heißt, wenn diese Situation in meinem Bewusstsein ist, muss ich eigentlich nichts weiter tun. Die Seite in uns Menschen, die zu Selbstmitleid neigt, möchte zeitweise auch zu ihrem Recht kommen, aber das Bewusstsein kann alles heilen, wenn die Zeit gekommen ist. Der Begriff »Wehleidigkeit« klingt sehr nach Selbstverurteilung, die nie förderlich ist. Wir haben in uns »starke« und »schwache« Seiten, die wir akzeptieren müssen.

Was kann ein Patient tun, wenn er merkt, dass die eigenen spirituellen Bedürfnisse von dem behandelnden Arzt nicht ernst genommen werden?

J. B.: Manche Menschen, denen ein Verständnis in dieser Hinsicht wichtig ist, werden sich nach zusätzlicher Unterstützung umsehen und allenfalls auch ihren Arzt wechseln. Andere aber verharren aus bestimmten Gründen in dieser Konstellation. Auch hier gibt es keine allgemeingültigen Ratschläge, außer jenem, dass man auf das eigene Herz hören sollte.

Wie können Menschen einen fachkundigen und gleichzeitig seriös arbeitenden spirituell ausgerichteten Arzt oder Heiler finden?

J. B.: Sie sollten sich mit Vertrauen und kritischem Verstand auf den Weg machen. Wenn sie ihr Bedürfnis ausstrahlen, wird es seine Resonanz finden. Am ehesten kommt man zum richtigen Heiler, wenn man Personen fragen kann, zu denen man schon Vertrauen hat. Es kann jedoch sehr lehrreich sein, unseriöse oder unbegabte Ärzte und Heiler kennenzulernen. Erst dann kann man die wirklich guten auch erkennen. Heute herrscht oft die Überzeugung, man müsse jedes Risiko von den Menschen fernhalten, wobei man sich nicht klar macht, dass man ihnen damit auch wichtige Erfahrungen vorenthält.

Sie haben einmal gesagt: »Fast jede Krankheit kann geheilt werden, aber nicht jeder Mensch mit einer bestimmten Krankheit und auch nicht zu jedem Zeitpunkt und nicht von jedem Heiler.« Was genau ist mit dieser Aussage gemeint?

J. B.: Die Krankheiten wollen den Menschen in der Regel ja zu Einsichten über sich selbst verhelfen. Wenn diese Einsichten nicht gewonnen werden, dürfte es schwierig sein, Heilung zu finden, obwohl die gleiche Krankheit bei einem anderen Menschen geheilt werden kann.

Den Feind lieben lernen – Übung nach Jakob Bösch

Bei der folgenden Übung handelt es sich um eine abgewandelte buddhistische Meditation. Sie kann uns besonders darin unterstützen, einem Menschen, von dem wir meinen, dass er uns ungerecht behandelt oder verletzt hat, gute Gefühle wie Verständnis, Sympathie, Herzlichkeit und Liebe entgegenzubringen.

- Stellen Sie sich vor, dass ein Mensch, den Sie sehr lieben und dem Sie vertrauen, langsam auf Sie zukommt.
- Versuchen Sie dabei, die Freude im Herzen und das Lachen auf dem Gesicht wahrzunehmen, das Sie beim Anblick dieses Menschen verspüren.
- Ersetzen Sie dann diesen Menschen in Ihrer Vorstellung durch den vermeintlichen Feind, ohne dabei die Wärme und Liebe im Herzen und das Lachen im Gesicht zu verlieren und die geöffneten Augen zu schließen.
- Versuchen Sie, diesen ungeliebten Menschen so nahe kommen zu lassen, wie es die Schmerzen erlauben, die sich in Brust und Bauch vielleicht einstellen.
- Machen Sie diese Übung so regelmäßig wie möglich. Dann wird eines Tages die Liebe im Herzen und das Lachen im Gesicht bleiben, auch wenn der sogenannte frühere Feind unmittelbar vor Ihnen steht.
- Setzen Sie sich bei dieser Übung nie unter Druck, und verurteilen Sie sich nicht, wenn es Ihnen nicht so schnell gelingt, Liebe zu spüren. Sollten Trauer oder Wut bleiben, ist dies kein Grund, die Liebe (oder auch den Hass als eine Variation der Liebe) nicht auch zu spüren. Verurteilen Sie nichts an sich, unterdrücken Sie nichts!

Klaus-Dieter Platsch

Die Liebe, die größte Heilkraft

Mit dem notwendigen Paradigmenwechsel in der Medizin verändert sich nicht nur das Selbstverständnis der Ärzte, sondern auch ihre Auffassung vom Heilungsprozess der Patienten. So besteht das zentrale Anliegen von Klaus-Dieter Platsch, Arzt für Innere Medizin, Chinesische Medizin und Psychotherapie sowie Dozent der Deutschen Ärztegesellschaft für Akupunktur, darin, ein erweitertes Verständnis vom Menschen und von der Medizin zu vermitteln, in dem die Multidimensionalität des Menschen in den Vordergrund gestellt wird. Dazu gehört die Erkenntnis, dass der Mensch nicht ein vom anderen Menschen getrenntes Wesen ist. Eine solche Sichtweise beinhaltet, dass sich alles gegenseitig beeinflusst, im Prozess des Krankwerdens als auch im Prozess der Heilung. Dies bedeutet für Klaus-Dieter Platsch auch, dass dieses neue Verständnis vom Menschsein sowohl die alten Gesetzmäßigkeiten physikalischer, medizinischer oder geistiger Natur ebenso integriert wie die heilerische Arbeit in Form von Gebeten oder Fernheilung, je nachdem, was ein Mensch für seinen individuellen Heilungsprozess benötigt.

Wie kann das neue Paradigma in der Medizin charakterisiert werden?

Klaus-Dieter Platsch: Im Unterschied zum alten Paradigma nehmen wir in der neuen Medizin die Multidimensionalität des Menschen zur Kenntnis. Dazu gehört die Erkenntnis, dass er nicht ein vom anderen Menschen getrenntes Wesen ist. Sich als getrennt von anderen zu begreifen macht letztendlich seine Isolation und Vereinsamung aus. Darüber hinaus erweitern wir in diesem neuen Paradigma die bisher rein intellektuelle Qualität des Verstandes um die Qualität des Herzens.

Was genau verstehen Sie unter Multidimensionalität des Menschen?

K.-D. P.: Bislang haben wir in der konventionellen Medizin den Fokus in erster Linie auf den Körper und auf die Psyche gerichtet. Beide werden in der konventionellen Medizin unserer heutigen Zeit als zwei voneinander getrennte Dimensionen betrachtet, die scheinbar nicht wirklich etwas miteinander zu tun haben. Entweder ist man psychisch krank, und dann reagiert der Körper, oder umgekehrt ist der Körper krank, und die Seele reagiert mit Depression oder Ängsten. Bis auf diese kausale Verknüpfung werden sie als nicht direkt miteinander verbunden angesehen. Multidimensionalität heißt, die enge Verbindung zwischen Körper und Geist zu erkennen und die organische und psychische Ebene um die seelisch-geistige Dimension zu erweitern. Und darüber hinaus ist der Mensch noch eingebettet in ein universelles Feld. Auf der einen Seite ist der Mensch Teil dieser Dimension, und auf der anderen Seite geht er darin auch ganz auf.

Im alten Paradigma, das aus dem Weltbild Newtons herrührt, wird alles auf die Ebene der Materie reduziert. Hier existiert die Vorstellung, dass der Mensch eine Maschine wäre, auf die wir beliebig von außen einwirken können. Dasselbe geschieht auch im Kontext der Medizin, in dem wir Ärzte uns ebenfalls als außerhalb des Systems betrachten. Wir neigen zu dem Glauben, dass wir diejenigen sind, die etwas mit dem Patienten machen, nehmen dabei aber nicht zur Kenntnis, welche Interaktionen zwischen dem Patienten und dem Arzt passieren.

Mittlerweile haben wir viele wissenschaftliche Erkenntnisse gewonnen, die mit dieser rein materiellen Vorstellung nicht mehr übereinstimmen. Beispielsweise hat die Quantenphysik erkannt, dass hinter dem, was wir als Materie erkennen, keine Bausteine mehr existieren. Jenseits der Ebene der Elementarteilchen sehen wir nur noch ihre Spuren. Wir können allenfalls feststellen: Es gibt eine Wahrscheinlichkeit, dass zum Beispiel ein Elektron, ein Neutron oder ein Proton in einem bestimmten Moment an einer bestimmten Stelle existieren. Aber in letzter Konsequenz können wir keine Materie mehr ausmachen, sondern das, was da ist, verschwimmt. Der Mensch im alten Paradigma liebt es, die Dinge ganz genau festzulegen und eindeutig zu definieren. Nun kommen wir in der modernen Wissenschaft aber an einen Punkt, an dem wir sehen, dass die Dinge gar nicht so genau objektiviert und definiert werden können, wie wir es gerne hätten. Stattdessen erkennen wir, dass wir uns in einem Feld befinden. Aus quantenphysikalischer Sicht ist es so, dass die Welt und damit auch der menschliche Organismus nicht nur aus Materie besteht, sondern vielmehr ein Informationsfeld darstellt. Ein Feld, in dem eine unendliche Menge von Informationen wirkt, die letztendlich dafür zuständig sind, dass sich Materie realisiert – oder biologisch-medizinisch ausgedrückt: dass dieses oder jenes Organ oder dieser biochemische Mechanismus existiert. Dieses Feld von Informationen schwingt im Hintergrund der Materie. »In-formation« bedeutet hier, etwas in Form und Gestalt bringen. Wir können heute viele Dinge damit erklären, beispielsweise wie es möglich ist, dass emotionale oder psychische Situationen fast ohne Zeitverzögerung Reaktionen an weit voneinander entfernten Stellen des physischen Körpers zeigen. Das geschieht durch bestimmte Botenstoffe im Organismus, kleinen Eiweißverbindungen, die bei verschiedenen Emotionen wie Angst, Wut, Unsicherheit und so weiter gebildet werden und die unmittelbar, das heißt schneller als in Lichtgeschwindigkeit, den gesamten Organismus erreichen.

Wie kommen die Informationen, zum Beispiel ein Gefühl, nahazu zeitgleich im Gehirn, Arm, Ellbogen oder Bauch an?

K.-D. P.: Das ist ein Prozess, der synchron, fast zeitlos stattfindet. Wir können uns diesen Vorgang modellhaft über das Feld erklären, in dem Raum und Zeit aufgehoben sind. Übertragen auf den menschlichen Körper bedeutet es, dass wir zwar einen materiellen Körper haben, aber davon ausgehen müssen, dass die Ausformung dieses Körpers durch ein Informationsfeld zustande kommt, das hinter der Materie liegt. Das heißt, dass wir eine Körperintelligenz besitzen, die den Körper und alle seine Funktionen, aber auch die Psyche und die seelischen Aspekte bildet. In diesem und durch dieses Feld wird der Körper ständig wieder regeneriert und reorganisiert. Das Spannende ist, dass wir bisher immer davon ausgegangen sind, dass unser Körper dies durch Molekülverbindungen »macht«, das heißt durch die DNA im Zellkern. Die DNA ist das genetische Erbe, und wir halten sie für die Grundlage dafür, dass der Körper weiß, wie er auszuschauen und zu funktionieren hat. Aber letztendlich hat jede Zelle im Körper dieselbe DNA.

Woher weiß dann eine Zelle, beispielsweise eine noch undifferenzierte Stammzelle, dass sie sich zu einer Magenzelle, einer Gehirnzelle, einer Herzzelle oder einer Nervenzelle entwickeln soll? Woher weiß die Magenzelle, dass sie sich wirklich im Magen bildet und nicht etwa im Gehirn? Woher weiß der Körper, dass er bestimmte äußere Grenzen besitzt und eine bestimmte Form einzunehmen hat?

K.-D. P.: Jede Zelle hat dieselbe DNA, und trotzdem entwickelt sich jede Zelle anders, und zwar durch eine Körperintelligenz im Hintergrund, die ich als physisches Körperfeld bezeichne. Das physische Feld wird beispielsweise in der Aura sichtbar, wobei die Aura nicht identisch mit diesem Körperfeld, wohl aber ein Aspekt dieses Feldes ist.

Normalerweise denken wir, dass der Körper etwas Konstantes und Festes wäre, was er in Wirklichkeit aber nicht ist. Wir wissen heute, dass sich zum Beispiel die Magenwände alle fünf

Wochen erneuern. Wir wissen, dass wir alle drei Monate eine neue Haut haben. Wir wissen, dass sich jedes Jahr das Nervensystem und die Herzmuskulatur völlig erneuern. Selbst die DNA erneuert sich ständig. Der Mensch, der jetzt hier vor Ihnen sitzt, ist also ein völlig anderer als als der vor einem Jahr. Die Zusammensetzung der Materie ist eine ganz andere. Dass wir trotzdem immer gleich erscheinen, hängt damit zusammen, dass die Informationen dieses Körperfeldes dafür sorgen, dass die Materie sich immer wieder in der gleichen Weise und am gleichen Ort regeneriert und strukturiert.

Dies hat eine gewaltige Konsequenz für die Frage nach Gesundheit und Krankheit. Denn wenn wir beispielsweise einen Tumor haben, dann muss sich in diesem Organisationsfeld ein Fehler eingeschlichen haben. Da gibt es plötzlich die Information einer Störung im Körperfeld. Setzt sich diese Information durch, fängt der Körper an, den Tumor immer wieder von Neuem zu reproduzieren.

Ist es möglich, diese Information wieder in eine gesunde Information umzuwandeln, damit sich keine Tumorzellen, sondern gesunde Zellen entwickeln?

K.-D. P.: Diese Möglichkeiten bestehen, und das hat weitreichende Folgen. Dass wir den Körper einladen können, wieder gesunde Zellen zu bilden und sich zu regenerieren, hat etwas mit den unendlichen Möglichkeiten von In-formationen in diesem Feld zu tun. Das bedeutet, dass alle In-formationen für Gesundheit und Krankheit potenziell da sind. An die gesunden In-formationen wieder andocken zu können ist nicht so sehr eine Frage des Wünschens oder des Denkens, sondern hängt eher mit einer sehr subtilen Ebene unseres Bewusstseins zusammen. Beispielsweise entwickelt jemand mit einem Tumor aller Wahrscheinlichkeit nach Angst. Die Angst vor dem Tumor ist meist verbunden mit der Angst vor dem Sterben. Die Ärzte haben dieselbe Angst, weil sie sich dem Tumor gegenüber ohnmächtig fühlen. Sie denken, dass sie diesem Menschen sowieso nicht mehr helfen können. Eine solche Haltung der betroffenen Patienten wie auch der Ärzte beeinflusst aber den ganzen In-formationsprozess dahingehend, dass sich genau das realisiert, was im Feld an Ängsten, Vorstellungen, Prognosen, Statistiken und Krankheitsverläufen gespeichert ist.

Ist deshalb eine neue Herangehensweise und Form der Begegnung zwischen Arzt und Patient notwendig?

K.-D. P.: Ja, wir als Ärztinnen und Ärzte müssen umdenken. Durch die alte Vorstellung, der Mensch sei eine Maschine, hat sich eine an Objektivität gemessene Medizin entwickelt, die den Menschen zum Objekt macht. Aber im Quantenfeld gibt es weder Subjekt noch Objekt – nicht einmal Materie.

Diese Sichtweise, die die Patienten zu behandelnden Objekten macht, hat zur Folge, dass auch wissenschaftliche Studien in derselben Art und Weise fern vom Menschen, fern von seiner Subjektivität unternommen werden. So untersuchen wissenschaftliche Studien die Wirkungen von Medikamenten in großen statistischen Patientenkollektiven – zum Beispiel bei Rheuma, Diabetes mellitus, Bluthochdruck oder Cholesterin. Die Resultate führen zu statistischen – nicht zu individuellen – Aussagen. Beispielsweise kann sich für eine bestimmte Art von Brustkrebs eine Überlebenszeit von fünf Jahren bei 30 Prozent oder 50 Prozent der betroffenen Frauen ergeben. Diese Art von Statistiken beeinflusst natürlich auch den behandelnden Arzt oder die Ärztin, die nun diese Zahlen im Kopf hat und sich bei nächster Gelegenheit denkt: Hier ist eine Patientin mit Brustkrebs, die mit 70-prozentiger Wahrscheinlichkeit die nächsten fünf Jahre nicht überleben wird. Das In-formationsfeld erschafft sich unsere Welt tatsächlich in gewisser Weise selbst. Dies soll nicht heißen, dass die Ärzte daran schuld wären, wenn ein Brustkrebs nicht heilt, oder dass die Patientin daran schuld wäre, dass sie Brustkrebs bekommen hat, weil sie in der Vergangenheit irgendetwas falsch gemacht hätte. Darum geht es überhaupt nicht. Es geht eher darum, dieses Feld von unseren Vorstellungen zu befreien. Wir wissen heute – ebenfalls aus der Quantenphysik –, dass es auch bei wissenschaftlichen Untersuchungen keinen objektiven Beobachter gibt, weil der Beobachter selbst – ob bewusst oder unbewusst – das ganze System beeinflusst.

Das klassische Beispiel hierzu kommt aus der Physik: Licht kommt vor als Welle und als Teilchen, das Photon genannt wird. In dem Augenblick, in dem man das Licht untersucht, wird es greifbar, das heißt, es bekommt eine Form. Man sieht es als Photon, das sich physikalisch genau beschreiben lässt. In dem Augenblick, in dem man es nicht mehr untersucht, verschwindet es und wird zu einer Welle im Feld der Möglichkeiten. Die Lichtwelle wird immer erst dann zum Photon, das heißt zu wahrnehmbarem Licht, wenn ich hinschaue. Erst mein beobachtendes Bewusstsein manifestiert aus der Möglichkeit des Lichts tatsächlich Licht.

Sie sprechen von einem Feld. Wie viele Felder gibt es, und welche Rolle spielen sie?

K.-D. P.: Wir haben zunächst ein physisches Feld. Es besteht aus dem materiellen physischen Körper, den wir anschauen, anfassen, spüren oder auch operieren können. Mit ihm einher geht das physische Bewusstseinsfeld, also ein Feld der physischen In-formation. Dann haben wir ein psychisches Feld, wozu die Emotionalität und der Verstand gehören. Dann schwingt der Mensch auch in einem transpersonalen Feld – das ist der Aspekt des menschlichen Bewusstseins, der über die engen, individuellen Grenzen des jeweiligen Menschen hinausgeht. Dort ist der Mensch mit allen anderen Menschen, aber auch mit seiner Umwelt und letztlich mit dem gesamten Universum in Verbindung. Und wenn wir vom Universum sprechen, dann ist damit gemeint, dass jedes Teilchen im Universum vom gesamten Universum weiß, und das völlig außerhalb von Raum und Zeit.

Transpersonale Phänomene kennt eigentlich jeder. Es handelt sich dabei um die Übermittlung von Informationen in einem Feld jenseits der Raum-Zeit-Dimension. Angenommen ich bin gerade in Amerika und habe plötzlich das Gefühl, zu Hause anrufen zu müssen, dann entspricht das einer raum- und zeitlosen Information, die sich mir im Moment der konkreten Wahrnehmung in der Dimension von Raum und Zeit enthüllt. Das sind telepathische Vorgänge. In dieselbe Kategorie gehören auch Hellsichtigkeit oder Gedankenübertragung. Im Kontext von Medizin gehören die Phänomene der Fernheilung oder die heilende Wirkung des Gebets hierher. In der Physik sprechen wir bei diesen Phänomenen von Nicht-Lokalität. Mit anderen Worten: Alle Dinge im Universum sind miteinander verbunden und kommunizieren miteinander in einer Dimension jenseits von Raum und Zeit.

Hinter all dem liegt ein Bereich, den wir als non-dual bezeichnen können. Hier ist das Wort »Feld« auch schon nicht mehr richtig. Und eigentlich ist auch das Wort »non-dual« nicht angemessen, denn wir bewegen uns in einem Bereich, der die Quelle allen Lebens selbst ist, von der wir nichts wirklich wissen können – sie ist nicht benennbar.

Alle Felder des Menschen stehen miteinander in Verbindung. Man darf sie sich aber nicht wie Schichten oder Ebenen vorstellen, sondern eher wie Felder, die sich gegenseitig durchdringen, miteinander wirken und verknüpft sind. Von daher gibt es keine Hierarchie in der Weise, dass sich hier der grobstoffliche, materielle Körper und dort die feineren Ebenen, das Gefühl und der Verstand, befinden. Die Felder können normal miteinander interagieren, aber auch in krankhafter Weise. So kann eine Erkrankung rein körperlichen Ursprungs sein und auf der körperlichen Ebene bleiben. Der physische Körper kann aber auch als Eintrittspforte dienen und die Erkrankung in andere Bereiche weitertragen. Dann wird der ganze

Mensch krank, nicht nur der physische Körper. In dem Fall hat man nicht nur ein körperliches Gebrechen, sondern der ganze Mensch leidet, seine ganze Befindlichkeit ist betroffen. Man fühlt sich schwach und braucht vielleicht auch emotionale Unterstützung. Umgekehrt kann auch die emotionale Ebene zur Eintrittspforte von Krankheiten werden: Es geht einem aus irgendwelchen Gründen nicht gut, man ist ängstlich, deprimiert oder wütend. Das wirkt sich dann nicht nur im emotionalen Feld aus, sondern man macht sich plötzlich Gedanken: »Warum passiert das gerade mir und nicht jemand anderem? Was hat das mit mir zu tun?« Wenn die Gefühle negativ erlebt werden und überdauern, können sich daraus chronische Krankheiten entwickeln, die den Körper, die Emotionen und auch den Verstand beeinflussen. Mit Letzterem ist es nicht anders. Auch der Verstand wirkt in alle anderen Felder hinein. Eine wesentliche Frage zum Krankheitsverständnis und für die Behandlung ist, auf welcher Ebene eine Krankheit stattfindet, ob sie zum Beispiel das emotionale, mentale oder spirituelle Feld betrifft. Wenn jemand beispielsweise auf seine Sinnfragen keine Antworten findet, kann er oder sie darüber depressiv werden, woraus sich sogar körperliches Leiden entwickeln kann. Deshalb ist es sowohl für die Patienten als auch für die Ärztin oder den Arzt wichtig, die möglichen Gründe einer Erkrankung zu erforschen, um zu wissen, mit welcher Ebene wir zu korrespondieren haben.

Lässt sich daraus schließen, dass Heilsein mehr als nur die Abwesenheit von Symptomen ist?

K.-D. P.: Heilsein ist eigentlich eher ein innerer Zustand. Ich kann mich auch als heil empfinden, wenn ich eine Krankheit, ein Symptom oder Schmerzen habe. Heilsein hat mit Ganzsein zu tun. In der konventionellen Medizin betrachten wir die Krankheit oft als einen Feind, den wir loswerden möchten. Das ist sowohl bei Patienten als auch bei Ärzten die übliche Verhaltensweise. Wir wollen die Krankheit nicht haben, sie zum Verschwinden bringen. Dadurch spalten wir jedoch einen Teil ab. Wenn wir aber die Krankheit vom Menschen abspalten, dann ist er nicht mehr ganz, weil in dem Moment des Krankseins die Krankheit zu ihm gehört – zu seiner Ganzheit. Dagegen haben wir eine Chance, anders mit Krankheit umzugehen und wieder zu einer Heilung zu kommen, wenn wir diese Krankheit wirklich annehmen können und uns vielleicht mit den Fragen beschäftigen: »Was kann diese Krankheit für mich bedeuten?«, »Gibt es etwas, das sie mir mitteilen will?« Nicht jede Krankheit muss eine Botschaft in sich tragen, aber in vielen Fällen verhält es sich so.

Wenn wir die Krankheit als das annehmen, was sie ist, bleiben wir in uns selbst, selbst wenn wir uns nicht wohlfühlen. Wir bleiben ganz und in einer Weise auch heil. Dann hat unser Organismus die Möglichkeit, viel mehr Kraft in den Heilungsprozess zu geben, als dass er an Kraft verliert, indem er die Krankheit von sich abspaltet und ständig bekämpft. Denn das permanente Kämpfen kostet Kraft. Ja zu einer Situation zu sagen eröffnet eine andere Dimension. Und erst wenn ich der Krankheit wirklich einen Platz in meinem Leben einräume, habe ich einen Ausgangspunkt, aus dem heraus ich dann einen nächsten Schritt entwickeln kann. Das ist bereits ein erster Schritt auf dem Weg des Heilungsprozesses.

Wie verhält es sich mit Krankheiten, die nicht geheilt werden können?

K.-D. P.: Gerade bei unheilbaren Krankheiten ist es sehr hilfreich, möglichst ganz zu bleiben. Dieses Ganz-Bleiben hängt wesentlich davon ab, womit ich mich identifiziere. Wir neigen dazu, uns sehr stark mit unseren Symptomen und Schmerzen zu identifizieren. Je stärker die Beschwerden sind, desto mehr identifizieren wir uns mit ihnen, unter Umständen so stark, dass sie uns als ganzen Menschen erfassen. Wenn wir bei sehr starken Schmerzen erleben: »Ich bin der Schmerz« und uns vollständig mit dem Schmerz identifizieren, bleibt unter Umständen nichts anderes mehr vom Leben übrig als dieser Schmerz. Das verursacht unvorstellbares Leiden, wodurch man schnell am Sinn des Lebens zweifelt. Wenn wir den Menschen in die Erfahrung und Erkenntnis führen können, dass er weit mehr ist als nur sein physischer oder seelischer Schmerz, dass er viel umfassender und weiter ist, kann es gelingen, dass er sich trotz der Schmerzen immer noch als lebendiges und sinnerfülltes Wesen erfahren kann. Das ist vor allem auch eine Frage des spirituellen Erlebens des Menschen: Wenn ich in letzter Instanz erkenne, dass ich über Körper, Gefühl und Verstand weit in einen transpersonalen Bereich hinausreiche und letztendlich auch einer Quelle entspringe, die man göttlich nennen kann, habe ich ein völlig anderes Selbstverständnis meines Seins und auch ein anderes Verständnis vom Sterben und vom Tod. Dadurch kann ich in gänzlich anderer Weise mit Krankheit und Schmerz umgehen.

Sie sprachen von unserer Tendenz, die Krankheit abzukoppeln, sie sofort loswerden zu wollen. Aber traditionell gehört es zu den Aufgaben des Arztes, den Patienten möglichst schnell von seiner Krankheit zu befreien. Entsteht da nicht auch ein enormer Druck für den Arzt?

K.-D. P.: Ich kenne viele Kollegen, die sehr unter Druck stehen, ihre Patienten wieder gesund machen zu müssen. Auf der einen Seite entspricht das unserem ärztlichen Auftrag, wie wir heute noch auf den Eid des Hippokrates schwören. Auf der anderen Seite kommt der Druck aber auch von den Patienten, die nicht selten in eine Behandlung mit der starken Forderung kommen: »Du bist der Arzt, mach du mich gesund!« In solchen Situationen kommen die Ärzte und Ärztinnen unter Druck.

Der Druck: »Ich muss dich gesund machen«, wird schnell zum eigenen Erfolgsdruck und hat mit der Warte zu tun, aus der heraus ich mein Arztsein verstehe. Druck entsteht, wenn ich denke: »Ich bin derjenige, der die Gesundheit bewirkt.« In subtiler Weise geht man dann davon aus, dass man nur sein Know-how, alles was man gelernt hat, in die Waagschale werfen muss, damit der Patient wieder gesund wird. Wird er aber nicht gesund, dann hat man etwas falsch gemacht und versagt. Wenn jemand stirbt, ist es noch viel schlimmer.

Mein Selbstverständnis als Arzt besteht mittlerweile nicht mehr darin, dass ich heile oder bewirke, sondern dass ich dem Patienten Raum gebe, in dem wir sozusagen die Heilung »einladen«. So gründen sich Arztsein und ärztliches Handeln auf zwei Seiten einer Medaille: einerseits auf meine ärztliche Professionalität, die in meinem gelernten Wissen wurzelt, das ich einsetze; andererseits auf eine Kraft jenseits meines Wissens, die Heilung bewirkt. Wir brauchen beides. Es geht nicht darum, das gelernte Wissen, unsere Professionalität oder die Medizin des alten Paradigmas über Bord zu werfen. Ganz im Gegenteil. Es geht darum, alles ins Boot zu nehmen. Ein neues Paradigma ist immer das weitere System. In ihm sind nach wie vor die alten physikalischen, medizinischen oder geistigen Gesetzmäßigkeiten enthalten, die weiterhin ihre Gültigkeit haben. Das neue Paradigma zeichnet sich dadurch aus, dass es die Erkenntnisse, die im alten Welt- und Wissenschaftsbild nicht erklärbar sind, hineinnehmen und erklären kann. Dies bedeutet, dass wir nicht nur die materielle Sichtweise der Schulmedizin und die der Komplementärmedizin durch heilerische Arbeit erweitern, sondern dass wir grundsätzlich einen anderen Ort des Heilens einnehmen.

Wie erkennt man als Arzt, welche Art des Zugangs, welche Art der Medizin für welchen Patienten in einer Situation die richtige ist?

K.-D. P.: Ist eine Erkrankung schulmedizinisch gut zu behandeln, dann ist die Schulmedizin die richtige Antwort. Aber viele Erkrankungen lassen sich auf diese Weise nicht lösen, weil sie viel komplexer als rein organische oder psychosomatische

Störungen sind oder sich auf anderen Ebenen abspielen. Dann berühren sie andere Bereiche, wo das Materiekonzept nicht mehr genügt. Dann muss man vielleicht den Weg der Komplementärmedizin wählen. Ich wende in diesen Fällen zum Beispiel die Chinesische Medizin an und arbeite energetisch. Oder ich gehe auf die Ebene des Bewusstseins, damit jemand etwas in sich erkennen kann wie beispielsweise bestimmte Konfliktfelder. Denn nicht selten entstehen Erkrankungen aus inneren Kämpfen heraus, die von Themen herrühren, mit denen die Menschen nicht versöhnt sind. Das bedeutet, dass man auch über diese Bereiche miteinander sprechen muss und versuchen sollte, gemeinsam Lösungen zu finden.

Ist das dann als ein heilendes Feld zu bezeichnen?

K.-D. P.: So wie man den Menschen als multidimensionales Feld betrachten kann, so ist auch die Begegnung oder das Zusammensein eines Arztes mit einem Patienten oder einer Patientin nicht nur eine Begegnung zweier Körper und zweier Verstandesmuster, sondern es ist ein Zusammenkommen im Sinne eines Feldgeschehens. Wenn wir keine Festlegungen machen, wie eine Krankheit zu verlaufen hat, kann sich in diesem Feld jede Heilungsmöglichkeit realisieren. Es ist kein Feld des Machbaren, sondern ein Feld der Möglichkeiten. Und die größte Kraft in diesem heilenden Feld ist die Liebe. Weil in diesem Feld die Liebe von Herz zu Herz schwingt. Meiner eigenen Erfahrung nach ist die Liebe das Heilsamste überhaupt. Es gibt keine größere Heilkraft als sie. Mit Liebe ist hier nicht die Liebe im persönlichen Sinne gemeint. Es bedeutet nicht, dass ich den Patienten in all seinen Erscheinungsformen und mit all seinen Schwierigkeiten als Person jetzt unbedingt tief lieben muss. Stattdessen fließt die Liebe zwischen dem Wesen dieses Menschen und dem Wesen des Arztes von Herz zu Herz. Mein Fokus richtet sich auf das Göttliche im Patienten. Wenn man mit einem Menschen zusammen ist, tiefe Liebe zum Leben in sich und zum Patienten spürt, wandelt sich etwas in der Atmosphäre – es entsteht Resonanz. Und genau diese Resonanz der Liebe ist tiefste Heilkraft. Diese Art der Liebe, die über das Persönliche des Menschen hinausgeht, drückt sich auch in einer von Liebe getragenen Beziehung aus. Wir haben heute ein Manko in der Arzt-Patienten-Beziehung zu beklagen. Wir brauchen mehr Beziehungskultur miteinander. Oft passiert es im medizinischen Alltagsbetrieb, dass der Patient wie ein Auto behandelt wird, das repariert werden muss. Was wir aber brauchen, ist eine liebende Beziehungskultur.

Jenseits der Liebe im heilenden Feld schwingt aber noch etwas anderes. Es ist jene universelle Liebe, die tiefste Verbundenheit zu allem ist. Der Mensch ist mit allem verbunden, von Mensch zu Mensch, von Mensch zur Welt, von Mensch zum Kosmos, von Mensch zu Gott – oder zum Göttlichen, wenn man es nicht personifiziert ausdrücken will. Diese All-Verbundenheit führt den Menschen aus seiner tiefsten Einsamkeit und Isolation heraus, an der so viele kranken. Das spürt der Patient auch. Dies ist die *eine* besondere Qualität.

Lieben bedeutet ein fundamentales Ja. Ein Ja zum Leben. Die größten Schwierigkeiten, auch die gesundheitlicher Art, entwickeln sich dadurch, dass wir im Widerstreit mit unserer Situation liegen. Wir mögen entweder uns selbst oder unseren Körper nicht. Oder wir mögen unsere Beziehungen oder unsere Arbeitssituation nicht. Wir mögen nicht, dass wir krank sind. Die Liebe in der Qualität einer umfassenden, über jede Form von Persönlichkeit hinausgehenden Liebe ist das fundamentale Ja zu dem, was ist. So wie Krishnamurti sagt: »Ich habe nichts gegen das, was ist.« Das bedeutet aber nicht, fatalistisch alles anzunehmen. Es heißt auch nicht, dass ich nicht den Wunsch haben sollte, gesund zu werden. Aber die Akzeptanz dessen, was ist, markiert den Ausgangspunkt, von dem aus ich den nächsten Schritt tun kann. Das Problem entsteht dadurch, dass wir die Situation bewerten. In dem Augenblick, in dem wir aus der Bewertung herausgehen können, kommen wir mit der Liebe in

Kontakt. Liebe wertet nicht, sondern sie nimmt an. Wenn das geschieht, haben wir ein Potenzial zur Verfügung, das wir uns kaum vorstellen können.

Diese tiefe Liebe würde ich auch als den Teil in uns sehen, der nicht krank werden kann und somit auch keine Heilung braucht.

K.-D. P.: Wenn wir versuchen, wieder gesund zu werden, dann ist es gut zu erkennen, dass wir in unserer Essenz gesund sind. Im innersten Kern ist jeder Mensch vollkommen heil. Es gibt keinen Menschen, der das nicht ist. Und das, was in der Tiefe immer heil und ganz ist, zum Ausgangspunkt eines Heilungsprozesses zu machen ist das Allerbeste, was wir tun können. Das heißt, mit diesem Heilkern in sich selbst in Berührung zu kommen, mit dem, was nicht krank ist, ihn als eine Kraftquelle zu nehmen, die alles andere durchdringt.

Neben dem, was wir im Äußeren an notwendigen medizinischen Maßnahmen tun, geben wir dem Raum, dem, was jenseits aller Erscheinungsformen existiert – der Quelle allen Lebens. Ihr Geschmack ist jene universelle Liebe, aus der heraus nicht ich als Arzt heile, sondern *es* heilt.

Heilender Ort –
Übung nach Klaus-Dieter Platsch

Die Übung dient dazu, ein Gefühl für die Qualität des heilenden Ortes in sich selbst zu gewinnen. Dort lassen sich alle Möglichkeiten des Heilungsprozesses wahrnehmen und die Verbindung zu den eigenen Heilkräften und Ressourcen wieder herstellen.

1. Suchen Sie in Ihrer Umgebung, zum Beispiel in der Wohnung oder auch draußen in der Natur auf einer Wiese, an einem Baum oder einem Gewässer, einen Ort, der für Sie

Kraft und Frieden ausstrahlt, von dem Sie meinen, dass er Ihnen guttut.

2. Richten Sie an diesen Platz die Frage, ob Sie an ihm verweilen dürfen und ob er bereit ist, Ihnen zu helfen.
3. Nun verweilen Sie dort. Schließen Sie Ihre Augen, und versuchen Sie, den Platz innerlich zu erleben – seine friedvolle und heilsame Qualität. Spüren Sie, wie sich diese Qualität in Ihnen selbst ausbreitet, wie dieser Ort Sie trägt.
4. Nun gehen Sie mit Ihrer Aufmerksamkeit ganz nach innen, spüren Sie sich innen, spüren Sie den Raum, der sich in Ihrem innersten Inneren öffnet. Sinken Sie ganz in diesen inneren Raum hinein.
5. Suchen Sie nun dort im innersten Inneren den heilsamen Ort in sich selbst. Es ist jener Ort, an dem Sie sich eins, ganz und heil fühlen. Er kann sehr unterschiedliche Qualitäten haben – wichtig allein ist nur, dass Sie das heilende Potenzial in sich selbst spüren. Dies ist Ihre Kraftquelle.
6. Wenn Sie diesen heilsamen Ort in sich gefunden haben, verweilen Sie dort. Lassen Sie sich einfach nur auf die Erfahrung ein. Spüren Sie, dass alles möglich ist.
7. Wenn Sie merken, dass es genug ist, danken Sie diesem Ort in sich selbst und dem äußeren Ort für dieses Geschenk der heilsamen Erfahrung. Nehmen Sie drei tiefe Atemzüge, und kommen Sie, indem Sie Ihre Augen öffnen, mit Ihrer Aufmerksamkeit wieder in die äußere Welt zurück.

Jon Kabat-Zinn

Zur Besinnung kommen

Unsere körperliche und geistige Gesundheit, unser ganzheitliches Wohlergehen sowie unseren eigenen Heilungsprozess können wir durch Meditation, die Praxis der Achtsamkeit, sehr fördern, so die These von Jon Kabat-Zinn, Gründer und Direktor der *Stress Reduction Clinic,* Professor für Medizin an der Universität in Worcester, Massachusetts, sowie Direktor des Instituts für Achtsamkeit in Medizin, Gesundheitsvorsorge und Gesellschaft. Jon Kabat-Zinn, der seit Jahrzehnten selbst meditiert und Yoga praktiziert und als Meditationslehrer ausgebildet ist, weiß um die wohltuende und heilbringende Wirkung der Achtsamkeit. Er entwickelte die sogenannte Stressbewältigung durch die Praxis der Achtsamkeit, »Mindfullness Based Stress Reduction« (MBSR). Es gelang ihm, diese Methode in den letzten neunzehn Jahren sowohl in Krankenhäusern, Universitätskliniken und Gesundheitszentren, aber auch in wirtschaftlichen und politischen Institutionen zu etablieren, wo sie erfolgreich praktiziert wird.

Wie lange muss man Ihrer Ansicht nach meditieren, um davon nachhaltig zu profitieren?

Jon Kabat-Zinn: Ich gebe keine Anweisungen, wie lange man meditieren »muss«. Aber wenn Sie in eine unserer Kliniken kommen, in der das Programm zur Praxis der Achtsamkeit praktiziert wird, dann müssen Sie sich damit einverstanden erklären, 45 Minuten am Tag, sechs Tage die Woche über acht Wochen zu praktizieren. Ansonsten bin ich der Meinung, dass jeder Mensch selbst herausfinden muss, welche Praxis für ihn persönlich die richtige ist und wie lange er meditiert.

Darüber hinaus sollte jeder und jede für sich die richtige Balance zwischen einer formellen und einer informellen Meditationspraxis entdecken. Für mich ist Yoga zum Beispiel eine formelle Praxis der Meditation, wobei es keine »richtige« Art gibt, sie zu praktizieren. Die informelle Meditationspraxis hingegen dauert das ganze Leben. In einem gewissen Sinne bedeutet die informelle Meditationspraxis, von Moment zu Moment wachsam und achtsam zu sein, egal in welcher Situation man sich befindet. Meine persönliche Definition von informeller Praxis lautet, nicht nur von Moment zu Moment achtsam zu sein, sondern von Moment zu Moment achtsam zu sein, ohne zu bewerten.

Worin genau besteht für Sie der Unterschied zwischen Achtsamkeit und der Achtsamkeit ohne Bewertung? Denn wenn ich von Moment zu Moment wirklich achtsam bin, dann dürfte ich eigentlich nicht bewerten.

J. K.-Z.: Das stimmt. Wenn ich wirklich absolut achtsam bin, dann existiert kein Gedanke, so dass ich auch nicht mehr bewerten kann. Aber das ist leichter gesagt als getan. Denn bei einer Vielzahl von Menschen verhält es sich so, dass sie, auch wenn sie aufmerksam sind, immer noch von Millionen Gedanken gequält werden, wobei die meisten sehr wertend sind, oftmals auch noch sehr subtil.

Wenn man zum Beispiel ein Geräusch hört, ist es sehr schwer, nur unmittelbar das Geräusch zu hören. Hört man beispielsweise ein Zwitschern, glaubt man, es handele sich um einen Vogel. Dabei hört man in dem Moment aber gar keinen Vogel, sondern nur ein Geräusch, das nach Zwitschern klingt. Aber der Verstand schaltet sich sofort ein, wenn er dieses Geräusch hört und sagt: Vogel! Das heißt, dass wir die meiste Zeit nicht unmittelbar in Kontakt mit unseren Sinnen sind. Der Titel meines neuen Buches *Zur Besinnung kommen* sagt zum Beispiel, dass wir durch die Meditation lernen wahrzunehmen, wie wir die Welt erleben. Wir erfahren die Welt nur über die Sinne. Es gibt aber viel mehr als nur die fünf Sinne des Sehens, Hörens, Riechens, Fühlens und Schmeckens. Achtsamkeit kann man durch unmittelbares, wirkliches Sehen kultivieren. Man kann lernen, wirklich zu sehen, und nicht nur durch die Augen des konditionierten Menschen. Das Gleiche gilt für die Wahrnehmung der Welt durch die anderen Sinne. Man kann unmittelbar hören, und nicht nur durch die Ohren eines konditionierten Menschen. Aber um dies zu können, bedarf es eines sehr hohen Maßes an Achtsamkeit.

Aber brauchen wir nicht unsere wertenden Sinne, um in der Welt zu überleben?

J. K.-Z.: Natürlich. Aber wenn wir die Bewertung durch die Sinneseindrücke ausschalten, heißt dies nicht, dass wir dadurch dumm werden. Es geht darum, dass wir von dem Schwarz-Weiß-Denken wegkommen und durch die Praxis der Achtsamkeit die ganzen Grauabstufungen zwischen Schwarz und Weiß erkennen. Durch die Achtsamkeit erlangen wir ein hohes Maß an Unterscheidungsfähigkeit, statt immer nur in den Bewertungen stecken zu bleiben, die sich folgendermaßen äußern: »Ich mag dieses und jenes nicht. Ich hasse dieses, ich liebe jenes« und so weiter. Wenn wir so urteilen, dann handelt es sich einfach um ein unbewusstes Greifen des Verstandes nach Urteilen und Bewertungen.

Zu Ihren Vorträgen kommen viele Schulmediziner. Erfahrungsgemäß sind sie der Meditation gegenüber kritisch eingestellt.

J. K.-Z.: Vor dreißig Jahren waren die Schulmediziner noch sehr verschlossen. Mittlerweile aber lehren wir die Medizinstudenten, Patienten mit Respekt und Würde zu begegnen und sie nicht nur als einen Körper zu betrachten, der zum Beispiel von Krebszellen befallen ist. Wir unterrichten sie darin zu verstehen, dass die Bedeutung der Krankheit für den einzelnen Menschen sehr wichtig ist. Eigentlich sollte man davon ausgehen, dass man einem Arzt nicht beibringen muss, seine Patienten mit entsprechendem Respekt und angemessener Achtung zu behandeln, aber leider muss man es doch tun.

Aus diesem Grund braucht die Medizin eine radikale Reform. Hippokrates sagte zum Beispiel, dass es am allerwichtigsten sei, einem Menschen keinen Schaden zuzufügen. Wenn man einen Menschen ohne Respekt und Würde einfach nur als einen Krebspatienten behandelt und ihm die Hoffnung nimmt, dann ist dies genau die falsche Praxis, die zu einem großen Problem für alle Beteiligten wird.

In Ihrem Buch Zur Besinnung kommen *schreiben Sie, dass wir aufhören sollen, uns als Opfer einer Situation zu fühlen. Dazu habe ich eine Frage: Ein Freund von mir, ein Psychotherapeut, meditiert und macht regelmäßig Yoga. Er hat einen Vater, der eine narzisstische Persönlichkeit hat und ihn immer wieder aufs Neue provoziert. Der Freund hat nun das Gefühl, dass er nicht aus dieser Situation herauskommen kann – trotz Meditation und Yoga. Viele Menschen erfahren irgendein Leid im Alltag, mit dem sie immer wieder konfrontiert werden, auch wenn sie meditieren. Heißt das, dass dieser Freund und alle anderen, die Probleme haben, nicht wirklich meditieren?*

J. K.-Z.: Viele Menschen haben eine falsche Vorstellung von Meditation. Meditation ist nicht die Antwort auf alle Fragen, die wir im Leben haben. Man kann Meditation natürlich auch als eine Flucht verwenden, wie vieles andere auch. Es ist natürlich schwierig, etwas zu diesem Freund zu sagen, da ich ihn und seine Geschichte nicht persönlich kenne. Aber in Kürze zusammengefasst würde ich meinen: Er muss aufwachen und zur Besinnung kommen! Er muss erkennen, dass sich auf diese Weise nie etwas ändern wird. Es klingt so, als würde dieser Freund sein eigenes Unglücklichsein mit dieser Situation füttern. In gewisser Weise hat er sein wahres Selbst verlassen. Somit stellt sich die Frage: Wie kann er in Kontakt mit seinem Vater sein, ohne von ihm missbraucht zu werden? Man kann sich befreien, aber dazu muss man die eigenen Gewohnheiten erkennen, die einen zu einem Gefangenen dieser Gewohnheiten machen. Bei Meditation und Yoga geht es um die Befreiung aus der Illusion. Das soll nicht heißen, dass man keinen Illusionen mehr unterliegt, sobald man meditiert. Es bedeutet lediglich, dass man sich der eigenen Illusionen bewusster wird und schließlich lernen kann, Wege zu finden, die einem dabei helfen, nicht mehr in diesen Illusionen gefangen zu sein.

Und woran erkenne ich, dass ich mich nicht in irgendwelchen spirituellen Yoga- oder Meditations-Illusionen befinde?

J. K.-Z.: Wie wach man ist, lässt sich daran ermessen, wie viel Leid man noch in anderen Menschen erzeugt. Je weniger Leid man in sich selbst und in anderen Menschen erzeugt und je mehr man sich mit der Welt in Verbindung fühlt, unabhängig von den äußeren Umständen, in denen man sich befindest, desto mehr ist man wahrscheinlich dabei, aufzuwachen.

Das bedeutet aber nicht, dass Magie passiert, sondern man geht einfach anders mit dem Leben um. Wenn es sehr stressig und schmerzvoll ist, dann ist es einfach wichtig, das anzunehmen, so wie es ist. Es hängt von der inneren Balance ab, selbst dann, wenn man furchtbare Schmerzen hat. Dann kann das Gewahrsein, das man kultiviert hat, stärker werden als das Problem, in dem man sich befindet. Man ist dann nicht mehr damit beschäftigt, es abzuschütteln oder davor wegzurennen. Man beginnt, eine größere Reife in der eigenen Praxis zu entwickeln und sich nicht mehr so schnell in alte Verhaltensmuster zu verstricken. Aber es handelt sich dabei um eine Arbeit, die das ganze Leben dauert. Es ist nicht so, dass man sich den einen Moment noch in der völligen Illusion befindet und in der nächsten Sekunde vollkommen erleuchtet ist.

Sie haben gesagt, dass wir oftmals eine falsche Vorstellung von Meditation haben. Könnten Sie dies genauer erläutern?

J. K.-Z.: Viele Menschen glauben, dass Meditation bedeutet, seine Gedanken loszuwerden. Dies würde ihnen aber nur Kopfschmerzen bereiten. Andere Menschen sind der Ansicht, dass Meditation ein Zustand ist, in dem man sich im Niemandsland befindet und völlig entspannt ist. Das stimmt nicht. Manchmal steht der Körper enorm unter Spannung, und man muss zum Beispiel mit starken Schmerzen fertig werden. Wir lehren unsere Patienten, zu meditieren und dabei entspannt zu sein, so dass sie ihren Zustand ertragen können. Es ist natürlich ein Paradox, aber wir lehren sie zu lernen, mit allem umzugehen, egal was passiert. Für mich bedeutet Meditation in erster Linie, das Leben im gegenwärtigen Moment zu leben. Die meisten Menschen tun dies nicht, sondern leben in der Zukunft. Sie sorgen sich über das, was kommen wird, oder planen dafür. Und wenn wir nicht in der Zukunft sind, sind wir in der Vergangenheit, wobei wir häufig von starken Gefühlen überwältigt werden, über das, was geschehen und was nicht geschehen ist. Der gegenwärtige Moment ist aber der einzige, in dem wir wirklich lebendig sind. Wenn wir meditieren, realisieren wir, wie oft wir nicht im gegenwärtigen Moment sind. Und diese Funktion, es zu realisieren, ist die Achtsamkeit selbst. Allein diese Fähigkeit ist schon ein Geschenk.

Das Interesse an Meditation und Yoga hier in Deutschland ist enorm gestiegen. Haben Sie das Gefühl, dass wir wirklich ernsthaft meditieren und Yoga praktizieren?

J. K.-Z.: Zumindest die Menschen, die ich kenne, denn sie haben lange Zeit mit mir zusammen praktiziert. Nach einer Weile wird die Meditations- und Yogapraxis zu etwas, das du mit Liebe tust, weil dein Leben dadurch einfach offensichtlich besser wird. Es ist eine Seinsweise. Es geht darum, bewusst bei sich und seinem Körper zu sein, ihn achtsam und wach im Moment zu spüren. Es ist eine Form aktiver Liebe, sich selbst zugewandt, in der wir uns mit Mitgefühl begegnen.

In dem Moment, in dem man mit Liebe und Achtsamkeit meditiert, wird man nicht mehr darauf verzichten wollen. Es wird dann genauso wichtig und unverzichtbar wie das morgendliche Zähneputzen. Und ebenso wie man seinem Körper am Morgen pflegt, kann man Achtsamkeit kultivieren.

Körpermeditation — Übung nach Jon Kabat-Zinn

Bei dieser Meditation geht es darum, den Körper und alle aufkommenden Empfindungen mit einer wachen, interessierten und vor allen Dingen annehmenden inneren Haltung zu erkunden.

Tragen Sie bei dieser Übung bequeme Kleidung. Vermeiden Sie es, über den Verstand einen Zustand der Entspannung erreichen zu wollen. Das würde nur das Gegenteil bewirken. Versuchen Sie einfach nur, von Augenblick zu Augenblick aufmerksam und wach für das zu sein, was ist. Lassen Sie alle wertenden und kritischen Gedanken los. Erlauben Sie sich, alles von Moment zu Moment so anzunehmen, wie Sie es vorfinden. Setzen Sie sich nicht unter Druck, alles richtig zu machen. Wichtig allein ist Ihre innere Haltung und der Grad Ihrer Aufmerksamkeit, mit der Sie diese Übung durchführen.

- Legen Sie sich auf eine Matte oder eine Decke. Schließen Sie die Augen.
- Legen Sie die Arme entspannt neben Ihren Körper, wobei die Handflächen nach oben zeigen.
- Spreizen Sie die Beine ein wenig, und lassen Sie die Zehen nach außen fallen.

- Machen Sie es sich in dieser Haltung so bequem wie möglich. Nehmen Sie sich Zeit, in dieser Haltung anzukommen und sie zu spüren. Es gibt nichts zu tun, nichts zu erreichen. Erlauben Sie sich einfach, hier zu sein.
- Richten Sie Ihre Aufmerksamkeit auf den Atem, ohne ihn zu beeinflussen.
- Richten Sie nun Ihre Aufmerksamkeit auf den Bauch. Spüren Sie, wie der einströmende Atem die Bauchdecke sanft dehnt und wie sie sich mit dem ausströmenden Atem wieder sanft senkt.
- Lassen Sie das Körpergewicht mit jeder kommenden Ausatmung etwas tiefer in die Matte oder in den Boden sinken.
- Richten Sie nun Ihre Aufmerksamkeit auf den linken Fuß.
- Spüren Sie den Empfindungen nach, die Sie in dieser Region wahrnehmen.
- Strengen Sie sich nicht an. Seien Sie einfach bereit, wie eine Antenne Empfindungen aus dieser Region wahrzunehmen. Vielleicht spüren Sie ein Prickeln, Pochen oder Feuchtigkeit, Trockenheit und Wärme.
- Was Sie wahrnehmen, ist nicht entscheidend. Fühlen Sie einfach Ihren Fuß, so wie er ist. Entscheidend ist der Grad Ihrer Aufmerksamkeit.
- Seien Sie wach und empfangsbereit, ohne etwas erreichen oder leisten zu wollen.
- Richten Sie Ihre Aufmerksamkeit nun auf das linke Fußgelenk.
- Und dann vom Fußgelenk zum Unterschenkel, zum Schienbein und zum Wadenmuskel.
- Spüren Sie alle Gefühle und Empfindungen, ohne etwas hinzuzufügen oder auszuschließen.
- Gleiten Sie nun mit Ihrer Aufmerksamkeit hinauf zum Knie.
- Spüren Sie den Oberschenkel vom Knie bis zur Leiste.

- Spüren Sie dann die Empfindungen in der Leistengegend, den Übergang zwischen Bein und Hüfte hin zur linken Hüfte.
- Wenden Sie Ihre Aufmerksamkeit zur rechten Hüfte über das ganze rechte Bein bis hinunter zum rechten Fuß.
- Stellen Sie einfach nur fest, welche Empfindungen Sie in diesem Bereich haben, und beurteilen Sie nichts.
- Richten Sie Ihre Aufmerksamkeit langsam auf das rechte Fußgelenk und dann auf den Unterschenkel, auf das rechte Knie und den Oberschenkel.
- Spüren Sie den ganzen Bereich des Oberschenkels zwischen Knie und Hüfte.
- Nehmen Sie die Empfindungen so genau wie möglich wahr.
- Spüren Sie nun den Übergang zwischen Oberschenkel und Hüfte.
- Richten Sie sodann die Aufmerksamkeit auf das Gesäß.
- Vielleicht sind es Empfindungen von Leichtigkeit, Druck, Schwere, die Sie wahrnehmen.
- Spüren Sie nun den Bereich der Genitalien und den Anus.
- Dehnen Sie Ihre Aufmerksamkeit auf das Becken aus.
- Nehmen Sie die Atmung im Beckenbereich wahr.
- Wenden Sie jetzt Ihre Aufmerksamkeit dem unteren Rücken zu.
- Vielleicht kommen Sie bei diesem wahrnehmenden Abtasten von Zeit zu Zeit mit Problemzonen, Schmerzen oder unangenehmen Empfindungen in Kontakt. Bleiben Sie trotzdem offen und annehmend für die unterschiedlichen Empfindungen.
- Atmen Sie in diese Bereiche hinein, ohne zu erwarten, dass sich die unangenehmen Empfindungen ändern.
- Seien Sie so neugierig und interessiert wie möglich.
- Richten Sie Ihre Aufmerksamkeit wieder auf den Rücken. Was empfinden Sie dort in diesem Moment?

- Spüren Sie den ganzen Rücken von den Schultern bis zum Becken.
- Wenden Sie Ihre Aufmerksamkeit jetzt wieder dem Bauch zu.
- Erfahren Sie das Dehnen und Senken der Bauchdecke beim Atmen.
- Vielleicht registrieren Sie im Innern des Bauches Empfindungen, die mit dem Darm zusammenhängen.
- Richten Sie die Aufmerksamkeit nun auf die Magengegend, und betrachten Sie Ihre Empfindungen.
- Versuchen Sie, allen Empfindungen mit Gleichmut zu begegnen.
- Nehmen Sie jetzt den Brustkorb wahr.
- Folgen Sie vom Brustbein in der Mitte aus dem Verlauf der Rippenbögen.
- Spüren Sie auch die unteren Rippenbögen.
- Nehmen Sie wahr, wie die Knochenstruktur die Lungen schützt.
- Nehmen Sie nun wahr, wie sich der Brustkorb beim Einatmen ausdehnt und beim Ausatmen wieder zusammenzieht.
- Wenden Sie dann die Aufmerksamkeit der Brust und dem Herzen zu.
- Nehmen Sie alle Empfindungen in diesem Bereich wahr, auch Verspanntheit und Enge oder Weichheit und Entspanntheit.
- Werden Sie sich aller Gefühle bewusst, die an diese Empfindungen gekoppelt sind.
- Versuchen Sie diese, so anzunehmen, wie sie sind.
- Dehnen Sie die Aufmerksamkeit vom Brustbereich auf die Schlüsselbeinregion und die Schultern aus.
- Spüren Sie nun Ihre Achseln, Ihre Arme, Ihre ganze Hand und die Handgelenke.
- Betrachten Sie Ihre Empfindungen, während Sie daliegen.

- Erlauben Sie sich, noch tiefer in einen Zustand des entspannten Beobachtens und Wahrnehmens zu sinken.
- Lassen Sie alle aufkommenden Gedanken los ebenso wie den Impuls, sich zu bewegen.
- Nehmen Sie sich einfach wahr in diesem Augenblick.
- Richten Sie dann die Aufmerksamkeit auf die Schultern, den Hals, den Nacken, die Halswirbelsäule, die Kehle.
- Erfahren Sie, wie es sich anfühlt, wenn Sie schlucken.
- Beobachten Sie die Empfindungen in der Kehle beim Ein- und Ausatmen.
- Nehmen Sie nun Ihr Gesicht wahr.
- Betrachten Sie genau den Unterkiefer und das Kinn.
- Erspüren Sie jetzt die Lippen und den Mund, den Gaumen und den Rachen, die Wangen und die Ohren.
- Nehmen Sie die Nase wahr.
- Spüren Sie, wie die Luft durch die Nase ein- und wieder ausströmt.
- Richten Sie die Aufmerksamkeit auf die Augen, Augenlider und Augäpfel.
- Erlauben Sie den Augäpfeln, in den Kopfraum zurückzusinken.
- Spüren Sie die Augenbrauen, die Schläfen und die Stirn.
- Beobachten Sie, ob Sie in diesem Bereich des Gesichtes Gefühle festhalten.
- Wenn Sie Gefühle entdecken, die mit den Spannungen in den Muskeln verbunden sind, schauen Sie sie einfach nur an.
- Spüren Sie Ihr ganzes Gesicht. Lassen Sie es nun für einen Moment so sein, wie es ist, und seien Sie nicht andauernd beschäftigt mit Gefühlen und Bildern, sondern entspannt und voller Frieden.
- Nehmen Sie nun den Hinterkopf wahr und den oberen Teil des Schädels.
- Spüren Sie den Kontakt der Kopfhaut mit dem Schädelknochen und den Haarwurzeln.

- Richten Sie nun Ihre ganze Aufmerksamkeit auf die höchste Erhebung des Kopfes, den Scheitelpunkt.
- Lassen Sie den Atem jetzt vor Ihrem Inneren Auge zu diesem Punkt auf dem Kopf strömen.
- Atmen Sie von diesem Bereich aus geradewegs zur Nase.
- Stellen Sie sich vor, wie sich diese Stelle öffnet, so wie die Atemstelle eines Wals.
- Lassen Sie nun den Atem durch diese Stelle in Ihren Körper einströmen. Atmen Sie über die Fußsohlen wieder aus.
- Der Atem strömt dann durch die Fußsohlen wieder in den Körper ein und über den Scheitelpunkt erneut aus.
- Atmen Sie auf diese Weise einige Male.
- Nehmen Sie den Energiestrom des fließenden Atems wahr.
- Erleben Sie atmend Ihren ganzen Körper.
- Seien Sie wach für alles, was in das Feld Ihrer Aufmerksamkeit tritt. Dies können Gedanken, Gefühle, Empfindungen, Geräusche, der Atem oder auch Stille sein.
- Lassen Sie Ihre Achtsamkeit so weit werden wie das Blau des Himmels.
- Betrachten Sie alle aufsteigenden Gedanken, Gefühle, Empfindungen wie Wolken, die entstehen, eine Weile durch den Himmel Ihres Gewahrseins ziehen und sich dann wieder auflösen.
- Erlauben Sie sich, voll und ganz so zu sein, wie Sie jetzt sind. Gestatten Sie auch dem Universum, so zu sein, wie es ist, jenseits von persönlichen Ängsten und Sorgen, Vorlieben und Abneigungen, jenseits von einem Denken, welches möchte, dass die Dinge auf eine ganz bestimmte Weise sind. Spüren Sie, dass Sie so, wie Sie jetzt in diesem Moment sind, ganz, heil und vollkommen sind.
- Dieses Ganzsein schließt allen Kummer, alle Verletzungen und allen Schmerz mit ein. Wir wurden ganz geboren und verlieren unser Ganzsein nicht durch Kummer oder Schmerz. Es ist unsere wahre Wesensnatur.

- Richten Sie allmählich Ihre Aufmerksamkeit wieder auf den Körper. Spüren Sie ihn als Ganzes. Nehmen Sie nun Ihre Umgebung wahr.[1]

1 Bei dieser Übungsanleitung handelt es sich um eine gekürzte und bearbeitete Version. Am besten erlernt man diese Meditation durch das Hören der CD *Stressbewältigung durch die Praxis der Achtsamkeit*, die, wie das gleichnamige Buch, im Arbor Verlag erschienen ist.

Arndt Büssing

Den wunderbaren Augenblick genießen

Meistens planen wir unsere Zukunft so, als würde ein unendliches Maß an Zeit für uns bereitstehen. Eine solche Herangehensweise an das Leben macht uns allerdings blind für die Kostbarkeit des gegenwärtigen Moments, in dem sehr viel Heilung liegen kann – auch dann noch, wenn wir oder ein uns nahestehender Mensch schwer krank sind. So lautet die Ansicht von Arndt Büssing, Leiter des Forschungsschwerpunktes »Spiritualität und Krankheitsumgang« am Lehrstuhl für Medizintheorie und Komplementärmedizin der Universität Witten/Herdecke. Seit vielen Jahren praktiziert er mit Patienten und deren Verwandten Meditationen oder Teezeremonien. Für Arndt Büssing stellen diese Werkzeuge eine sehr hilfreiche Unterstützung im Heilungsprozess seiner Patienten dar, weil diese durch Achtsamkeit und Gewahrwerden des gegenwärtigen Momentes erkennen können, dass sie in sich selbst eine tiefere Dimension besitzen.

Was verstehen Sie unter Krankheit?

Arndt Büssing: Für Krankheit gibt es eine allgemeine und sehr vage Definition: Als Krankheit wird all das bezeichnet, was Leid verursacht und bestimmte Symptome hervorruft, also zu auffälligen Störungen der »Funktion« und/oder des Befindens des Betroffenen führt.

Wie definieren Sie Heilung?

A. B.: Heilung ist aus der vorangegangenen Definition heraus abzuleiten. Sie ist dann erzielt, wenn es möglich war, die Leid verursachenden Symptome zu verhindern, beeinträchtigende »Funktionsstörungen« zu beheben und Wohlbefinden wieder herzustellen. In vielen Fällen ist dies aber nicht möglich. Zudem gibt es zum Beispiel Menschen, die sich selbst als gesund empfinden, obwohl sie vom objektiven Befund her einen Tumor haben. Trotz dieses Befundes kann sich dieser Mensch subjektiv als nicht krank empfinden, wenn er zum Beispiel gut in sein soziales Umfeld eingebettet ist und sich wohlfühlt. Wir hatten hier zum Beispiel eine sehr beeindruckende Patientin, bei der ein Lungentumor trotz Chemotherapie und unterstützender biologischer Maßnahmen weiterwuchs. Sie hat sich dann einer buddhistischen Meditationsgruppe und einer christlichen Gebetsgruppe angeschlossen. Später berichtete sie, dass sie sich *erlöst* fühle – trotz des Tumors. Auf der körperlichen Ebene, die ja immer betont wird, fand keine Heilung im Sinne einer Wiederherstellung des ursprünglichen Zustandes statt. Dafür setzte aber tiefe Heilung auf einer anderen, auf einer spirituellen Ebene ein.

Normalerweise hätte man im Fall dieser Frau gesagt, dass keine Heilung stattgefunden hat, in dem Sinne, dass die körperliche Unversehrtheit wiederhergestellt wurde. Das klappte in ihrem – und in vielen anderen Fällen – überhaupt nicht.

Deswegen würde ich die Definition von Heilung etwas abwandeln: Heilung kann auch heißen, mit den Auswirkungen einer Krankheit, mit den biografischen Erfahrungen einer Krankheit oder eines Leid verursachenden Ereignisses weiterleben und sie in den eigenen biografischen Entwurf sinnvoll zu integrieren, wenn es also gelingt, selbst Gestalter des Lebens zu sein und dies nicht irgendwelchen Krankheitssymptomen zu überlassen, die den Lebensverlauf diktieren.

Sie haben gerade verschiedene Ebenen angesprochen – die psychische, emotionale und spirituelle. Wie unterscheiden sich diese voneinander?

A. B.: Wir haben in der Medizin eine Dichotomie etabliert, die Körper, Seele und Geist trennt und vornehmlich die körperliche Seite betont. Dabei handelt es sich um die ausschließlich materialistische Seite, was auch historisch begründbar ist. Irgendwann wurde dann aber anerkannt, dass auch die Psyche Krankheiten verursachen oder beeinflussen kann. Was allerdings völlig ausgeblendet wurde, ist der Aspekt der Seele. Das ist eigentlich auch logisch, weil bislang kein Anatom so etwas wie eine die Seele gefunden hat. Auch der Hochleistungsastronomie ist es bislang nicht gelungen, eine kosmische Seele zu finden. Wenn es um die Lokalisierung der Seele geht, begeben wir uns auf eine Ebene, die mit den normalen analytischen Forschungsmethoden nicht verifizierbar ist. Da sie weder messbar noch abbildbar ist, muss die Naturwissenschaft also postulieren, dass es eine Seele demzufolge nicht gibt und sie nur ein Konstrukt ist.

Nichtsdestotrotz sind bestimmte »Ausdrücke der Seele« dennoch wahrnehmbar. Jeder Mensch kann an sich selbst feststellen, dass es Ebenen gibt, die sich der Beschreibung und der Reproduzierbarkeit entziehen, obwohl sie dennoch vorhanden zu sein scheinen. So kommt es ja auch immer wieder vor, dass Menschen bestimmte Erfahrungen machen, die sie nicht einordnen können und die auch nicht ohne Weiteres kommunizierbar sind, ohne dass sie als psychiatrische Auffälligkeiten belächelt werden. So zum Beispiel die berühmte spirituelle Erfahrung des Saulus, der mit Blindheit geschlagen wurde, bevor ihm »die Augen aufgingen« und er sich zum Paulus wandelte. Oder auch die Erfahrung von Jesus im Jordanland. Er hörte eine Stimme, die zu ihm sagte: »Du bist es!« Eine solche Erfahrung, die von Jesus in seinem religiösen Kontext natürlich anders gehört und verstanden wurde, als wir es heute tun, erschüttert – er musste für 40 Tage und Nächte in die Wüste, um seine spirituelle Erfahrung gleichsam zu verdauen. Derartige Erfahrungen entziehen sich unserem normalen Erleben, so dass man als Außenstehender nur mit Stirnrunzeln reagiert.

Wie definieren Sie »Seele«?

A. B.: Die Seele entzieht sich eigentlich der Begrifflichkeit. Das fängt bereits an, wenn wir unser Augenmerk auf die Schwangerschaft richten. In dieser Zeit beginnt sich ein Stück »belebte Biomasse« zu entwickeln und auszudifferenzieren, wobei es immer einem bestimmten genetischen Programm folgt. Hier könnte man zum Beispiel fragen: Wer lenkt dieses genetische Programm? Wir wissen es nicht so recht – das genetische Programm eben. Hier ist etwas in Gang, ins Leben gekommen, das später seine »Eigenart« wahrnimmt, sich in Bezug zu seiner Umwelt, zu anderen Menschen und zum Kosmos setzt, das sich »bewusst« wird und vielleicht einmal realisiert, dass hinter dem begrenzenden Horizont noch mehr sein könnte. Diese intuitiv empfindende oder bewusst erkennende Instanz könnte man vielleicht als Seele bezeichnen. Ob die Seele nun, wie es die Naturwissenschaft postuliert, »erlischt«, wenn der physische Körper seine Funktion einstellt, oder aber unabhängig vom physischen Körper weiter *ist* und mit einem übergeordneten »Einen« verbunden bleibt, ist nicht beweisbar, sondern »Glaubenssache«.

Ist die Seele vom Heilungsprozess betroffen? Braucht sie überhaupt Heilung?

A. B.: Auch die Seele braucht Heilung. Wenn man zum Beispiel sagen würde: Es ist nur der Körper, der leidet, dann könnte man ihn betäuben, so dass er nichts mehr wahrnimmt. Dann müsste per definitionem der ganze Mensch leidlos beziehungsweise glücklich sein. Erfahrungsgemäß ist dies aber nicht der Fall. Wir haben zumeist das Problem, dass wir an ganz vielen Dingen hängen oder aber dass wir Dinge aus der Vergangenheit nicht loslassen können, weil sie noch nicht geklärt sind. Das können zum Beispiel Erinnerungen an Ereignisse sein, bei denen man verletzt wurde oder bei denen man sich selbst vielleicht nicht gut verhalten hat. Diese Erfahrungen müssen oder sollten gelöst werden. Wir müssen lernen, uns in Dankbarkeit erinnern und lösen zu können. Ist dies nicht der Fall, wird auch die eigentliche Heilung, die Befreiung, behindert.

So konnte zum Beispiel die Patientin, von der ich erzählt habe, bestimmte Dinge in ihrem Leben abschließen und lösen. Dadurch war es ihr wiederum möglich, eine neue Perspektive für ihr Leben zu finden, welches durch die spirituellen Erfahrungen, die sie in der Meditations- und Gebetsgruppe gemacht hatte, nun in einen religiösen, einen spirituellen Kontext eingebettet war. So ist ihr zum Beispiel bewusst geworden, dass sie nicht nur ein simples Stückchen Materie ist, sondern sie hat eine weitere Dimension in sich selbst erfahren. Diese Erfahrungen haben ihr dann geholfen, besser mit ihrer Krankheit umzugehen, so dass sie sagen konnte, sie fühle sich *erlöst*.

Wie verhält es sich mit dem Teil der Seele, der als Buddhanatur, als Wesensgrund oder als göttliches Bewusstsein bezeichnet wird, das im Menschen ist?

A. B.: Diese Ebene wird natürlich sehr individuell erfahren, denn sie ist jeweils vom religiösen und weltanschaulichen Kontext abhängig. Wenn Sie zum Beispiel Menschen fragen, die darin gewisse Einsichten hatten, werden sie bestätigen, dass da etwas ist, was »unberührt« ist, was »rein« bleibt – dieses »Wissen« erleichtert ihnen dann auch den Umgang mit Leid, denn sie haben eine »Ahnung vom anderen Ufer«. Aber es gelingt nicht jedem, an diesen Punkt zu kommen. Zumeist ist man aufgeregt und panisch, wenn ein nahestehender Verwandter krank ist und man selbst nichts Abwendendes tun kann und hilflos ist. Es ist ein langer Weg bis zu dem Punkt, wo man mit der Buddhanatur in Kontakt ist und »gelöst« dem Leid begegnen kann.

Einige spirituelle Schulen postulieren zum Beispiel auch, dass wenn man in der letzten Stunde seines physischen Lebens noch eine Erkenntnis dieser Ebene hat, dann tiefe Heilung einsetzen würde. Wenn man erkennt, dass die Seele nicht nur auf diesen einen physischen Körper begrenzt ist und sie ihre »Aufgabe« erkannt hat, könne man, so ihre Auffassung, diese Erfahrung »mitnehmen«. Dann gibt es Menschen, die sagen, es gäbe nur einen einzigen, durch den Tod begrenzten Lebensentwurf. Sie haben nicht die Perspektive eines wie auch immer gearteten Weiterlebens. Und der Verlust des Lebens wiegt dann natürlich schwer. Verständlicherweise ist es schwierig, einer Person, die diesen Lebensentwurf hat, zu vermitteln, dass es in uns etwas Reines, Klares gibt, das immer unbefleckt bleibt. Ein akut Erkrankter wird sich dies zuerst einmal gar nicht vorstellen können. Wir haben aber auch andere Erfahrungen gewonnen, wenn wir Patienten bestimmte Meditationsangebote gemacht haben. Einige Patienten, die daran teilgenommen haben, waren dafür sehr empfänglich. Und bei ihnen sah man, wie sie während der Meditation anfingen, von Innen heraus zu »strahlen« und »wissend« zu lächeln. Sprach man dann hinterher mit Ihnen über ihre Erfahrung, dann bestätigten sie: »Ja, ich habe etwas in mir erkannt!« Und obwohl es sehr tiefe Erfahrungen sein können, sind sie nicht präzise in Worte zu fassen. Worte der Alltagssprache sind viel zu banal, um das zu beschreiben, was in einem Menschen während der Meditation passieren kann.

Ich habe zum Beispiel mit Patienten und ihren Angehörigen einmal eine einfache Teezeremonie gemacht. Während des achtsamen Teetrinkens weinten auf einmal einige Frauen. Nach der Zeremonie erzählten sie dann, sie hätten erkannt, wie wunderbar das Leben doch sei! Diese einfache, aber tief greifende Erkenntnis ist ihnen während dieser vermeintlich alltäglichen Handlung aufgegangen. Sie haben ja nichts anderes getan, als eine Tasse Tee in den Händen zu halten, den Tee zu riechen und ihn Schluck für Schluck kostend zu trinken. So banal es auch klingen mag, aber es passierte in diesen Menschen etwas, das vielleicht nicht unbedingt körperlich zu einer

Heilung führt, aber tief in ihnen etwas gelöst hat. Und gerade die »Lösung« ist etwas sehr Wichtiges, was durch solche Praktiken angeregt werden kann.

Wenn ein Patient zu uns kommt, dann herrscht in ihm zunächst eine gut nachvollziehbare große Verzweiflung vor, die nach allen möglichen Strohhalmen greift. Aber mit der Zeit kann man ihn anregen, sich auf den »wunderbaren Augenblick« zu konzentrieren, auf das, was gerade (wichtig) ist, so dass er sich bewusst wird: »Was tue ich heute, in genau diesem Augenblick?« Die meisten Patienten kann man für diesen Punkt sensibilisieren. Und dafür sind sie auch immer sehr dankbar. Wenn ihnen das gelingt, erwarten sie auch nicht immer gleich das große Wunder. Für die meisten Patienten ist vollkommene körperliche Heilung selbstverständlich das primäre Anliegen. Aber sie lernen auch, eine Wertschätzung für das zu entwickeln, was sie gerade umgibt, auch wenn Heilung im vordergründigen Sinne vielleicht nicht möglich sein sollte. Und das ist heilsam und eröffnet neue Perspektiven.

Sie arbeiten sehr viel mit Tumorpatienten. Bei diesen Menschen verläuft das Leben anders als geplant. Wie können Menschen mit einer solchen Ausnahmesituation vielleicht gerade am Anfang der Diagnose am besten umgehen?

A. B.: Diese Menschen brauchen Begleitung. Ich habe den Patienten zum Beispiel lange Zeit zusätzliche Angebote gemacht. Dadurch haben sie auf der einen Seite im Krankenhaus die konventionellen Behandlungen durch den Onkologen erhalten, aber zusätzlich konnten wir in Gesprächen beleuchten, was genau dieser Mensch braucht; wo genau er steht und wie man ihm weiter helfen kann. Das heißt dann in der Regel, dass der Arzt den »wissenden Kittel« ausziehen muss und ein zuhörendes Gegenüber wird. Das große Problem dabei ist allerdings, dass viele Patienten sehr große Erwartungen in Verfahren und Methoden setzen, die man zum Beispiel auch im

Internet oder in esoterischen Buchläden finden kann, wo sie dann lesen: »Kauf dieses Buch, und die Heilung kommt automatisch.« Oder: »10 Gebete, um heil zu werden.« Solche verführerischen Aussagen schüren Erwartungen, die nicht zu erfüllen sind. Diese Erwartungen sind natürlich verständlich, aber man kann sich eben keinen Heilungs-Automatismus einkaufen. Leider ist es oftmals der beschwerlichere Weg der kleinen Schritte, der letztendlich weiterführt – aber den muss man selbst gehen.

Doch man sollte bei einem Patienten auch nicht gleich mit der »spirituellen Türe« ins Haus fallen. So etwas überfordert die meisten Betroffenen. Teilweise sind Patienten schon damit überfordert, dass viele spirituelle Angebote aus Kulturkreisen stammen, die ihnen fremd sind und als verstörend erlebt werden können. Deshalb kann es sinnvoll sein, zunächst auf vertraute abendländische Angebote zurückzugreifen und sie Schritt für Schritt zu erweitern, auch mit anderen spirituellen Wegen. Schließlich münden alle Wege in einen gemeinsamen Pfad ein.

Heißt dies, dass es für die persönliche Heilung, egal wie diese dann letztendlich aussieht, erst mal wichtig ist, Boden unter den Füßen zu bekommen?

A. B.: Ja, unbedingt! Der Himmel muss für jeden geerdet sein, ein Ort, an dem er sagen kann, hier bin ich aufgehoben und zu Hause.

Das müsste dann ja auch bedeuten, dass Sie zum Beispiel jemanden, der gerade eine unheilbare Diagnose erhalten hat, nicht in ein Zen-Retreat schicken würden?

A. B.: Nicht sofort, denn er oder sie würde dort große Probleme haben. Ein Patient sollte erst einmal so stabil sein, dass er die Stille in sich selbst aushalten kann. Besser ist es, mit kleinen Angeboten in einem beschützenden Rahmen anzufangen. Erst einmal nur ein Tag für den Anfang, später vielleicht ein Wochenende (am besten mit einer vertrauten Person). Ein Mensch, der gerade eine erschütternde Diagnose erhalten hat, braucht zunächst eine Ansprechperson, welche die medizinische Seite der Krankheit kennt, und dann jemanden, die auch die spirituelle Seite kennt und ihn hier begleiten kann. Die meisten Menschen sind zuerst einmal durch das verstört, was da passiert. Und wenn ein Erkrankter in einer solchen Situation unvermittelt die berühmte Aufforderung zu hören bekommt: »Jetzt horch doch mal tief in dich hinein!« (so würde natürlich auch kein seriöser Meditationslehrer anleiten), und er dann nichts hört, dann kann es für ihn schon problematisch werden. Denn viele Patienten haben das Empfinden, irgendetwas falsch gemacht zu haben und deshalb krank geworden zu sein. Wenn es dann auch bei der Meditation nicht so klappt, wie sie es erwartet haben, tappen sie schon wieder in die nächste (selbst gestellte) Versagensfalle hinein: »Auch das kann ich also nicht richtig!«

Aus diesem Grund sollte man die Betroffenen sehr achtsam an die Meditation heranführen. Deshalb sind einfache Achtsamkeitsübungen etwas Wunderbares, weil sie den Menschen darin unterstützen, das Alltägliche bewusst wahrzunehmen.

Wie tief kann Heilung Ihrer Meinung nach überhaupt gehen?

A. B.: Es kommen viele Patienten, die eine große Bereitschaft mitbringen. Ihnen geht buchstäblich ein Licht auf, und sie wissen, dass sie das berühmte Körnchen Wahrheit gefunden haben. Und mit diesem Wissen gehen sie dann auch selbst den Weg weiter. Diesen Menschen braucht man im Prinzip nur einen kleinen Anstoß zu geben, und sie sind in der Lage, ihren Weg gut alleine weiterzugehen. Dann gibt es aber auch Patienten, die man überhaupt nicht erreicht. Wieder andere erkennen für sich einen »Sinn« in all dem. So sagte zum Beispiel eine Patientin: »Es musste so kommen. Sonst hätte ich nie aufgehört, immer so weiterzumachen. Jetzt komme ich wieder zu mir zurück.« Gerade im muslimischen Kontext ist Krankheit immer auch der Imperativ, sich Gottes zu erinnern. Heilung wäre dann das erinnernde Zurückkehren zum »Urgrund«.

Birgt diese einfache Kausalität nicht die Gefahr, sich selbst anzuklagen, wie zum Beispiel: »Ich habe so viel gearbeitet, deshalb bin ich krank geworden!«

A. B.: Ja. Diese Gefahr besteht. Aber das Bedürfnis nach Erklärung ist verständlich, um einen Teil der Ursachen lösen und nach »außen« verlagern zu können: Aus diesem oder jenem Grund bin ich krank geworden, das hat ja nichts mit mir zu tun. Die einfachste Erklärung lautet: Es liegt an den Genen! Natürlich kommen Umweltfaktoren, Ernährungs- und Verhaltensgewohnheiten hinzu. Alles in allem handelt es sich um ein multikausales Geschehen. Eine solche Antwort ist für viele aber unbefriedigend, weil andere Menschen mit scheinbar vergleichbaren Gewohnheiten und Anlagen eben nicht krank geworden sind. Auf der anderen Seite können sehr viele Patienten zuordnen, dass ein emotional erschütterndes Ereignis zum Auftreten bestimmter Krankheitssymptome geführt hat. Sie können einen klaren zeitlichen Zusammenhang sehen. Das heißt nicht, dass dieses erschütternde Ereignis die eigentliche Ursache war, aber dass es etwas in den Vordergrund des Bewusstseins gerückt hat. Die Anlagen dazu waren vorher schon da.

Wie können Angehörige in einem solchen Prozess, der ja oft als sehr dramatisch erlebt wird, lernen, damit umzugehen?

A. B.: Viele Angehörige scheinen manchmal sogar mehr zu leiden als der Patient selbst, weil sie zum hilflosen Zuschauen verdammt sind. Der Patient kann sagen: »Ich versuche diese oder jene Therapie.« Oder: »Ich mache dieses oder jenes Kursangebot mit.« Aber die Angehörigen stehen immer nur daneben. Viele von ihnen fühlen sich teilweise sogar »abgehängt«, wenn die Patienten Kursangebote wahrnehmen und dort bestimmte Erfahrungen machen, die sie selbst nicht nachvollziehen können. Deshalb ist es wichtig, die Angehörigen, wo immer es geht und sinnvoll ist, mit in die Kursprogramme einzubeziehen, damit es eine partnerschaftliche mitteilende Beziehung bleibt und sie sich gegenseitig stützen können. Denn letztendlich soll der Weg der Heilung nicht in die Isolation führen, sondern gemeinschaftlich getragen werden. Deshalb kommt den Angehörigen als »Support-Gemeinschaft« eine große Bedeutung zu. Aber auch sie müssen auf diesem Weg gestützt werden, denn sie sind häufig rat- und hilflos. Wenn die Familie integriert wird, dann werden sie als Teil des Ganzen gesehen und verstanden. Die Familie im arabischen Kontext zum Beispiel verhält sich ganz anders. Da ist die ganze Familie krank und wendet sich dem Erkrankten zu. Für uns ist es zuerst einmal befremdlich, wenn eine solche Familie in großer Zahl im Krankenzimmer versammelt ist und dem Patienten zum Beispiel aus dem Koran vorliest. Diese Art der unterstützenden Anteilnahme findet bei uns äußerst selten statt. Bei uns ist Krankheit etwas, das nach außen hin verschwiegen wird. Die Familie weiß natürlich davon, aber unsere Gesellschaft tabuisiert immer noch bestimmte Formen von Erkrankungen und will damit überhaupt nicht konfrontiert werden.

Bricht dieses Tabu mittlerweile nicht auf?

A. B.: Gerade bei älteren Menschen werden Krebserkrankungen immer noch tabuisiert, ganz nach dem Motto: »Darüber spricht man nicht.« Eine solche Haltung führt natürlich zu einem Problem, weil dadurch die Vereinsamung zunimmt, die man überall beobachten kann. Bei vielen jüngeren Menschen ändert sich aber etwas. Hier sind es überwiegend Frauen, die ihre Krankheit mitteilen und sich auch aktiv nach alternativen Behandlungsformen umschauen. Männer sind nach wie vor sehr zurückhaltend und machen vieles mit sich allein aus. Wir sehen zum Beispiel an unseren wissenschaftlichen Untersuchungen, dass Männer die eigentliche »Problemgruppe« sind. Werden sie mit Krankheit konfrontiert, packen sie im übertragenen Sinne ihren Werkzeugkasten aus – dummerweise passt der Schraubenschlüssel aber nicht auf jede Erkrankung. Aber um tiefe Heilung zu erzielen, müssten auch die Männer ihre emotionale und ihre spirituelle Seite entdecken und zulassen. Erst dann können sie den Zwang loslassen, immer alles kontrollieren zu müssen. Die unvoreingenommene Offenheit ist ein erster Schritt.

Eine Verbeugung in Dankbarkeit – Übung nach Arndt Büssing

Vor einigen Jahren besuchte ich in Südkorea ein buddhistisches Kloster. Vor dem Betreten der Dharma-Halle zieht man die Schuhe aus und verbeugt sich mit vor der Brust zusammengelegten Handflächen: *Gassho* (japanisch) oder *Hapchang* (koreanisch). Eine Verbeugung vor der Buddha-Statue. Und eine Verbeugung vor dem Sitzkissen und vor den Mit-Übenden. Und eine Verbeugung beim Rezitieren der Sutren. Und eine Verbeugung vor dem Essen. Eine Verbeugung vor der weißen Wand und vor einem Grashalm.

Was zuerst für mich fremd und unverständlich erschien, hat sich als eine tief gehende Übung erwiesen. Diese einfache Geste der vor der Brust zusammengelegten Hände zeigt Respekt, Dankbarkeit und Bescheidenheit. Es ist nicht einfach nur die äußere Form des sich Verbeugens; Gassho kann ein Weg sein, ein Weg der Dankbarkeit und des Staunens. Wer auch den unscheinbaren Dingen seine Dankbarkeit erweisen kann, hat erkannt, dass er nicht für sich alleine im Leben steht. Wer anderen Achtung erweist, achtet auch sich selbst. Respekt vor der Mühe der anderen – es gibt so vieles, was wir nicht sehen. Es ist nicht alles selbstverständlich!

Eine Verbeugung ohne viele Worte

In Dankbarkeit verbeuge ich mich vor meinen Eltern, für all die Liebe und Zuversicht, die sie mir entgegengebracht haben.

In Dankbarkeit verbeuge ich mich vor meinen Lehrern, die mir so viele Wege gezeigt haben.

In Dankbarkeit verbeuge ich mich vor meinem Lebenspartner, der/die mich trägt in allen Zeiten (oder so lange Zeit getragen hat).

In Dankbarkeit verbeuge ich mich vor meinen Kindern, für all die Freude, die sie mir geschenkt haben.

In Dankbarkeit verbeuge ich mich vor meinen Freunden, die mich nicht fallen lassen.

In Dankbarkeit verbeuge ich mich vor denen, die ich aus Unachtsamkeit verletzt oder enttäuscht habe. In ihren Gesichtern sehe ich die gleiche Enttäuschung, die auch mich quält. Ich werde mich bemühen, Wege der Versöhnung zu finden.

In Dankbarkeit verbeuge ich mich vor allem, was mich umgibt und in mir ist, vor allem, das es mir erlaubt, mich in Dankbarkeit zu verbeugen und zu versöhnen.

Katja Kaiser

Das eigene Herz befragen

Jeder Mensch sehnt sich im Innersten danach, nicht nur über den Verstand zu funktionieren, sondern aus dem Herzen heraus zu leben und zu lieben. Aber den meisten Menschen fällt es schwer, weil wir nicht gelernt haben, offen und einfühlsam im Umgang mit uns selbst und unserer Umwelt zu sein. Tief verwurzelte Ängste hindern uns daran, auf unser eigenes Herz zu hören und ihm zu folgen. Gelingt uns dies jedoch, kann eine tiefe Transformation jener alten Konditionierungen stattfinden, die uns das Gefühl vermitteln, allein und isoliert zu sein. Befragen wir unser Herz, so lautet die These von Katja Kaiser, Familien- und Verhaltenstherapeutin für Erwachsene, Kinder und Jugendliche, entsteht eine Art Gleichklang, Resonanz, die uns zu einem Handeln befähigt, das nicht nur die eigene körperliche, emotionale und seelische Heilung bewirkt, sondern auch die Heilung auf der systemischen Ebene unterstützt.

Wie arbeiten Sie in Ihrer psychotherapeutischen Praxis?

Katja Kaiser: In meiner Praxis arbeite ich verhaltenstherapeutisch, wobei ich die Spiritualität im Sinne eines Wissens, dass wir alle in einen größeren Kontext eingebettet sind, mit einbeziehe.

Wie kam es zu dieser Verbindung?

K. K.: Die reine Verhaltenstherapie möchte Symptomfreiheit bewirken. Das ist ein sehr guter Ansatz, um Menschen Einsichten in ihre Lerngeschichte zu vermitteln, damit sie alte dysfunktionale Verhaltensmuster und überfällige innere Haltungen ablegen, um so für einen funktionalen Lebensvollzug gerüstet zu sein. Für mich ist Leben aber mehr, als fit für die Lebenspraxis zu sein. Meine Menschen- und Weltsicht geht davon aus, dass wir in etwas Größeres eingebettet sind. Natürlich trägt jede Therapie immer die persönliche Handschrift des Therapeuten. Mir wurden die rein verhaltenstherapeutischen Schuhe zu klein. Daher versuche ich, dem Klienten einen Zugang zu diesem Größeren zu eröffnen, da das Getragensein von etwas Größerem dem Menschen über sich selbst hinaus Halt bieten kann. Mehr und mehr Klienten öffnen sich auch für das, was ich als Spiritualität bezeichnet habe. Dieses Phänomen ist auch ein Zeichen unserer Zeit, da wir alle das Bedürfnis verspüren, einen Zugang zu dem zu finden, was über uns hinausgeht.

Wie genau verläuft der Heilungsprozess bei Ihren Klienten?

K. K.: In der Regel kommen die Menschen mit bestimmten Symptomen zu mir. Die Heilung ist dann vollzogen, wenn Symptomfreiheit besteht, das heißt, wenn die dahinterliegenden Ursachen bearbeitet sind, Dysfunktionales abgelegt und Funktionales implementiert ist. Während des therapeutischen Prozesses berichten die Klienten mehr und mehr, dass sie zurechtkommen und sich gut fühlen. Dieser Zuwachs an Kompetenz bildet sich auch in der Interaktion zwischen ihnen und mir ab. Man geht dann auseinander, wenn beide Seiten in der fortwährenden Prüfung miteinander merken, dass die Therapie sich überflüssig gemacht hat und der Klient quasi wieder frei ist, sein Leben zu leben.

Die Spiritualität kommt im Grunde dann ins Spiel, wenn ich die Patienten frage: »Was sagt Ihr Herz?« Das passiert früher oder später, letztlich aber doch in jeder Therapie. Durch diese Frage werden die Klienten nicht nur auf sich selbst, auf ihre Gefühle zurückgeworfen, sondern zugleich auch auf ein tiefes inneres Wissen, mit etwas Größerem verbunden zu sein.

Wie reagieren Ihre Klienten auf die Frage, gerade wo wir in einer sehr verstandesorientierten Gesellschaft leben?

K. K.: Zuerst reagieren sie erstaunt. Dann aber begeben sie sich mit großer Neugier auf die Suche nach ihrem Herzen. Sie stellen sich im Laufe der Therapie selbst innerlich immer häufiger die Frage: »Was sagt mein Herz?«, und werden in ihrem Handeln und in ihrer Sicherheit, zu fühlen und zu entscheiden, klarer und deutlicher.

Woran erkennen die Klienten, dass sie mit ihrem Herzen in Kontakt sind?

K. K.: Zunächst herrscht noch Unsicherheit, bis die Frage auftaucht: »Kann ich dem vertrauen, was mein Herz mir sagt?« Irgendwann kommt der Punkt, an dem die Klienten spüren und wissen: »Ja, jetzt habe ich mein Herz gefunden, und ich kann darauf vertrauen, was es mir sagt!« Dazu ein Beispiel aus der Praxis: Eine Klientin kommt mit einer großen Unsicherheit in Lebensentscheidungen und der berechtigten Sorge, immer wieder klein beizugeben. Als ich sie fragte: »Was sagt Ihr Herz?«, weint sie und meint, dass sie kein Gefühl dafür habe. Im Laufe der Therapie kommt sie aber immer wieder auf die Frage zurück und wird sicherer, Entscheidungen zu fällen, obwohl es teilweise auch Entscheidungen sind, die große Veränderungen in ihrem Leben hervorrufen. Auch männliche Klienten vollziehen durch diese Frage immer mehr einen Wandel vom Unpersönlichen zum Persönlichen, von der Konturlosigkeit zur Kontur bis hin zur Präsenz.

Die Frage: »Was sagt mir mein Herz?«, hilft also den Klienten, sich selbst näher zu kommen und sich in etwas Größeres oder Höheres eingebunden zu fühlen.

Und was heißt: In etwas Höheres eingebunden zu sein?

K. K.: Wenn man dem Herzen vertraut und lernt, ihm zu folgen, sind Entscheidungen im Leben oft anders und scheinbar riskanter, als wenn man sie auf der reinen Verstandesebene, aus reinen Überlegungen heraus beschließt. Das Herz ist nicht nur mit dem individuellen Wissen verbunden, sondern auch mit einem tieferen Wissensschatz, man könnte auch sagen mit dem kosmischen Wissen. Und in dem Schatz ist das Höhere integriert.

Kann ein Klient schneller die Therapie beenden, wenn der Kontakt zum Herzen hergestellt ist?

K. K.: Nein. Therapien werden durch den Satz: »Was sagt mir mein Herz?« nicht schneller beendet. Jeder Mensch braucht für seinen Prozess einfach unterschiedlich lange. Aber durch den Satz: »Befragen Sie Ihr Herz!« ändert sich die Zeitqualität insofern, als es nicht mehr um eine Orientierung am Haben geht, sondern um eine Orientierung am Sein. Dadurch werden die Menschen sicherer in sich, weil sie sich in etwas anderem, nämlich in der Präsenz, bergen können.

Gibt es bei der Herzöffnung einen Unterschied zwischen Mann und Frau?

K. K.: Das Thema ist weniger eine Frage des Geschlechts als eine des Alters. Man muss in der Therapie auch die Entwicklungsstufe berücksichtigen, auf der sich der Klient befindet. Wenn jemand sehr mit Ablösung beschäftigt ist oder mit dem Finden einer guten Beziehung, dann braucht er erst einmal eine Erdung in der Lebenspraxis. Man kann zwar immer wieder einstreuen: »Befragen Sie Ihr Herz«, aber zuerst muss er sich in der Lebenspraxis verankern. Manchen Menschen reicht dies. Bei einem jungen Mann, der auch psychisch jung ist, geht es manchmal einfach um eine Verankerung im Leben. Bei einem Mann mittleren Alters sind die Lebensthemen ganz andere, da gehört das Thema: »Befragen Sie Ihr Herz« ganz zwingend dazu, weil es mit dem Lebensabschnitt zu tun hat.

Gibt es weitere unterstützende Mittel, damit Ihre Klienten den Kontakt zum Herzen herstellen?

K. K.: Ich stelle zum Beispiel fast immer die Frage, ob und was die Menschen glauben. Dann sehe ich, wo die Klienten stehen, denn viele haben durch ihre Erziehung oder durch eine bestimmte Erfahrung eine Verbindung zu etwas Größerem. Es kann auch sein, dass sie beten. Das ist ganz unterschiedlich. Dann bringe ich meinen Klienten auch einschlägige Artikel oder Bücher mit, verweise auf Filme, Orte eines Rückzugs, bespreche Träume oder ich erzähle ihnen Geschichten, um einen Zugang zum Herzen zu bahnen. Durch diese Geschichten, manchmal aus dem Zen, dem Sufismus oder Buddhismus, wird automatisch eine Verbindung zu etwas Größerem hergestellt. Wenn sich ein Klient zum Beispiel anfangs schwertut, eine Verbindung zu seinem Herzen herzustellen, dann erzähle ich gerne folgende Geschichte: »Ein Schüler war verzweifelt, weil sein Zen-Meister ihm die Aufgabe gegeben hatte, mit seinem eigenen Herzen in Kontakt zu kommen. So sehr es der Schüler auch probierte, es schien ihm nicht gelingen zu wollen. So fragte er den Zen-Meister um Rat, was er denn tun könne, um dies zu erreichen. Der Zen-Meister fragte ihn: ›Was ist der Unterschied zwischen einem einfachen Menschen und einem Zen-Meister?‹ Der Schüler wusste nicht, worauf sein Meister hinauswollte und antwortete nicht. Daraufhin sagte der Zen-Meister: ›Der Unterschied besteht darin, dass der Zen-Meister immer wieder aufsteht und es ein weiteres Mal probiert!‹«

Heilung im Bewusstsein der eigenen Verantwortlichkeit

Auch wenn es kein Patentrezept für das Erlangen von Gesundheit gibt, so existieren zumindest im Verständnis vieler spiritueller Traditionen Möglichkeiten, die Gesundheit zu erhalten und Krankheiten zu heilen. Eine zentrale Rolle spielt dabei das eigene Bewusstsein von der Wechselwirkung aller Dinge. So stehen nach Auffassung dieser Traditionen Körper und Geist in einer ständigen Wechselwirkung, was bedeutet, dass die Geisteshaltung und die physische Gesundheit eines Menschen bei der Entstehung von Leid und Heilung eng miteinander verbunden sind. Neuere wissenschaftliche Untersuchungen haben ergeben, dass ein stabiler und ruhiger Geist grundlegende physische Funktionen wie Schlaf und Verdauung verbessert, und jemand, der psychisch und physisch erschöpft ist, weder Glück, Freude noch vollständige körperliche Gesundheit erfahren kann.

Was für Traditionen wie den Buddhismus oder den Yoga im Umgang mit Leid, Krankheit, aber auch mit Heilung entscheidend ist, ist unsere geistige Grundeinstellung dem Leiden und auch dem Leben gegenüber. So können zum Beispiel zwei Menschen mit der gleichen Krankheit vollkommen unterschiedlich mit dieser umgehen. Für den einen kann diese Erfahrung sehr schmerzvoll sein, wenn ein Gefühl des Haderns ihn bestimmt, weil er davon ausgeht, vom Leben ungerecht behandelt zu werden. Für einen anderen Menschen hingegen kann diese Erfahrung bereichernd und heilvoll sein, weil er sich, bedingt durch diese Erfahrung, verstärkt mit sich selbst auseinandersetzt und dadurch tiefe Heilung erfahren kann, auch dann, wenn der Körper im Verlauf der Krankheit stirbt.

Nach buddhistischer Ansicht ist die Meditation eine wichtige Quelle der Heilung, weil man durch sie lernt, besser mit negativen Geisteszuständen wie Hass, Frustration, Zorn, Eifersucht und Stolz umzugehen, die zu Krankheiten führen oder aber den Heilungsprozess maßgeblich beeinträchtigen können. Durch eine Schulung des Geistes und durch einen bewussten Umgang mit uns selbst können wir positive Einstellungen wie Mitgefühl, Liebe, Toleranz und Frieden uns selbst und anderen gegenüber entwickeln und kultivieren.

Marie Mannschatz

Den inneren Widerstand loslassen

Für die Meditationslehrerin Marie Mannschatz bedeutet Heilung vor allem Ganzwerdung, alle Abspaltungen, die im Laufe des Heranwachsens entstehen, wieder in die eigene Selbst-Erfahrung zu integrieren, so dass wir aus dem Ganzen heraus leben können. Eine besonders hilfreiche Möglichkeit, Heil- und Ganzwerdung zu erfahren, bietet für die Gestalt- und Körpertherapeutin Marie Mannschatz die Vipassana-Meditation, die sie seit 1978 praktiziert. In den neunziger Jahren wurde sie von dem Amerikaner Jack Kornfield zur Meditationslehrerin ausgebildet und unterrichtet seit einem Jahrzehnt Meditation in Deutschland, Österreich und der Schweiz sowie am Spirit Rock Meditation Center in Kalifornien. Mit ihren Büchern, Vorträgen und Seminaren unterstützt sie Menschen darin, zu erkennen und zu erfahren, wie Geist und Bewusstsein heilsam zusammenwirken können.

Können Sie die Vipassana-Meditation kurz charakterisieren?

Marie Mannschatz: Vipassana-Meditation ist eine Methode, mit der wir lernen, Schritt für Schritt die Funktionsweisen unseres Geistes zu erkennen und zu sehen, wie sich die eigene Weltanschauung durch Erfahrung formt. Je mehr wir verstehen, wie sich unsere Weltsicht zusammensetzt, desto besser können wir sie auch wieder analysierend auflösen. Schwierige Gefühle, Meinungen und Vorstellungen, die uns beherrschen, können wir durch meditative Betrachtung zunehmend loslassen. Vipassana-Meditation zeigt uns, wie wir uns aus dem Gefangensein in Gedanken und Reaktionen befreien können.

Wie würden Sie diese Methode mit ein paar Sätzen skizzieren?

M. M.: In Meditationskursen stabilisieren wir in den ersten Tagen die Aufmerksamkeit an der Wahrnehmung des Atems. Die einzige Aufgabe lautet: Führe die Aufmerksamkeit immer wieder zurück zum Ein und Aus des Atems. Wenn wir nach einigen Tagen mehr Sicherheit darin haben, den Atem zu spüren, dehnen wir unsere Wahrnehmung auf die übrigen Sinnesorgane aus. Hören, Fühlen und Denken werden dann Schritt für Schritt in den bewussten Wahrnehmungsprozess einbezogen.

Was fasziniert Sie persönlich an dieser Methode?

M. M.: Die buddhistische Psychologie fasst neben den uns bekannten fünf Sinnen auch den Geist als Sinnesorgan auf. Er ist sozusagen das regierende Sinnesorgan, das alle anderen Sinneseindrücke verarbeitet und zur Welterfahrung formt. Bewusstsein wiederum ist der Stoff, aus dem der Geist besteht. Die Vipassana-Meditation bietet eine Möglichkeit zu erfahren, wie Geist und Bewusstsein zusammenwirken. Das Faszinierende an dieser Methode besteht für mich darin, ein Werkzeug an die Hand zu bekommen, mit dem wir durch Selbstschulung den Geist erforschen und verwandeln können, ohne Drogen, ohne Guru, ganz aus eigener Einsicht.

Haben Sie das Gefühl, dass man durch diese Methode tiefe geistige Heilung erfahren kann?

M. M.: Ich verstehe Meditationspraxis als einen über Jahre andauernden Transformationsprozess. Aber schon in einem 10-tägigen Retreat kann man bei manchen Teilnehmern deutlich Heilung erleben. Einige Menschen verändern sich innerhalb dieses Zeitraums spürbar. Sie lernen, sich selbst in ihren Grenzen zu erkennen und zu akzeptieren. Sie leisten zunehmend weniger Widerstand gegen sich selbst. Der meditative Heilungsprozess besteht für mich darin, den inneren Kampf aufzugeben und ein Gefühl dafür zu entwickeln, wie die eigene innere Entwicklung sich entfalten möchte. Spontan fällt mir eine Schülerin ein, die sich zu ihrem ersten Schweigekurs angemeldet hatte, weil sie von den guten Wirkungen der Meditation gehört hatte. Diese Teilnehmerin geriet gleich zu Beginn in solche Schwierigkeiten, dass sie schon am zweiten Tag abreisen wollte. Sie kämpfte mit sich, um zu bleiben, und wurde von mir darin unterstützt, ihr Bemühen nicht aufzugeben. Nach fünf Tagen erkannte sie, dass sie durch ihre überhöhten Erwartungen starken inneren Druck erzeugte. Ihr wurde klar, wie sie es sich selbst schwer machte. Für diese Frau war das eine zentrale Erkenntnis. Danach konnte sie durchschauen, wie sie sich in vielen Lebenssituationen mit Erwartungshaltungen quälte. Sie wünschte sich sehnlichst, sich auch im Alltag mehr Freiheit zu gestatten. Ich glaube, durch diese innere Arbeit im Retreat hat sie ein Stück Heilung erfahren.

Wie definieren Sie Heilung?

M. M.: Heilung bedeutet für mich, heil – sprich: ganz zu werden. Es bedeutet, alle Abspaltungen, die im Laufe des Heranwachsens entstehen, alle Selbst-Anteile, die wir nicht annehmen können, wieder in die eigene Selbst-Erfahrung zu integrieren, so dass wir aus dem Ganzen heraus leben und glücklich sein können. Leben wir aus dem Ganzen heraus, ist unser Energiefluss nicht mehr durch Abspaltungen unterbrochen.

Stößt die Vipassana-Meditation im Heilungsprozess auch an ihre Grenzen, so dass man sagen kann: Diese Methode kann bis dahin heilen, aber weiter nicht?

M. M.: Grenzen werden durch unsere Auffassungsgabe und Disziplin gesetzt, durch den Einsatz, den wir als Meditierende zeigen. Aber auch die Anleitung, die wir von einem Lehrer oder einer Lehrerin erfahren, bestimmt die Tiefe unserer Praxis. Je weiter der oder die Lehrende in seiner oder ihrer eigenen Entwicklung fortgeschritten ist, desto größer ist die Heilung, die mit dieser Methode erzielt werden kann. Ich glaube schon, dass Vipassana-Meditation einen Menschen zur vollständigen geistigen Heilung führen kann.

Woran kann ich die Grenzen eines Lehrers erkennen?

M. M.: Bei der Vipassana-Meditation empfehlen wir, zu unterschiedlichen Lehrern zu gehen. Meditations-Lehrerinnen initiieren bei ihren Schülern durch differenzierte Anleitungen sehr vielfältige Wachstumsprozesse. Durch den Besuch bei verschiedenen Lehrern kann man mehr und mehr herausfinden, in welchem Umfeld am ehesten heilsame Prozesse in Gang gesetzt werden.

Gibt es auch Menschen, denen die Vipassana-Methode bei ihrer Heilung nicht helfen kann?

M. M.: Natürlich. Es gibt Menschen, die in so schwierigen inneren Räumen leben, dass sie sich gar nicht auf eine Geistesschulung einlassen können. Sie sind so sehr identifiziert mit ihren Gefühlen, dass sie dazu keinen Abstand gewinnen können, zum Beispiel bei starken Depressionen oder Zwangsgedanken. Einem solchen Menschen zu sagen: »Jetzt setze dich mal hin, und schau dir deinen Atem und deine Gedanken an!«, wäre in vielen Fällen eine Überforderung. Auch Menschen, die sich in einem schwierigen Trennungsprozess befinden, sollten besser kein Retreat machen. Es kommt immer wieder vor, dass sich jemand vor dem Beginn eines Retreats trennt und hofft, durch den Meditationskurs innere Stabilität zu gewinnen. Manche stellen sich vor, im Schnelldurchlauf die Trennung durch intensive Meditation zu verarbeiten. Aber selten kann man Beziehungsprobleme alleine für sich auf dem Kissen lösen. Ich erlebe es fast in jedem Kurs, dass jemand versucht, seine Beziehung auf diese Art und Weise zu lösen. Für Menschen, die bereits über langjährige Meditationserfahrungen verfügen und dadurch eine entsprechende Grundlage in der Meditation haben, kann das durchaus möglich sein. Für jemanden, der keine Erfahrung damit hat und gerade eine Trennung durchlebt, ist das Eintauchen in die Stille und den inneren Raum, der mit Schmerz erfüllt ist, oft kaum auszuhalten.

Das Gleiche gilt natürlich auch für andere Formen von Trennung, wie zum Beispiel bei einem Todesfall oder wenn man erfahren hat, dass man schwer krank ist. Für einen Menschen, der eine gefährliche Krebsdiagnose erhält, geht es zuerst einmal darum, in Gesprächen mit den Nächsten die neue Lebenssituation zu erfassen. Das alltägliche Leben kann man nicht im Schweigen bewältigen. Erst dann, wenn das Umfeld geklärt ist, kann man in ein Meditations-Retreat gehen und sich andere Erfahrungsebenen erschließen.

In den USA bieten Stiftungen schwer erkrankten Menschen finanzielle Unterstützung an. Sie können so zum Beispiel im Spirit Rock Meditation Center in Kalifornien kostenfrei an Kurz-Retreats und auch an mehrmonatigen Schweige-Kursen teilnehmen.

Wie erleben Sie den Prozess bei diesen Menschen?

M. M.: Diese Menschen müssen sich für ein Stipendium formell bewerben und dabei erklären, was sie sich von der langen Schweigezeit erhoffen. Dadurch setzen sie sich im Vorfeld schon mit ihren zentralen Lebensfragen auseinander und wissen, weshalb sie die Stille suchen. Für diese Menschen ist der Meditationsprozess meistens sehr schön, weil sie intensiv in die Meditationspraxis einsteigen und die flüchtige Natur des Lebens aus eigener Erfahrung erleben. Für viele wird es so leichter, einen Übergang von der stofflichen in die nichtstoffliche Dimension zu finden. Sie sehen, was sie noch in diesem Leben brauchen, wen sie treffen möchten und was sie klären wollen. Für sie ist das Retreat ein starker innerer Reinigungsprozess.

Könnte man spekulativ sagen, dass für diese Menschen ein tieferer Heilungsprozess geschieht, als wenn sie vielleicht nicht krank geworden wären und nicht meditiert hätten?

M. M.: Nein, das kann man so nicht sagen. Krankheit, Sterben oder Heilung sind sehr subjektive Erfahrungen, weil jeder Mensch einmalig ist. Es gibt Menschen, die sich sagen: »Wenn ich unheilbar krank bin, warum soll ich mir dann in der Meditation mein Unglück noch genauer anschauen?«, andere können Kraft daraus schöpfen, in der Meditation die Grenzen des Daseins zu berühren.

Anders herum gefragt: Ich habe oft das Gefühl, dass wir unseren Heilungsprozess nur am Körperlichen festmachen. Das heißt, wenn wir körperlich gesund sind, verstehen wir uns als gesund. Oft aber machen Gefühle wie Wut, Hass und Ähnliches krank. Kann hier Meditation tiefe Heilung bewirken?

M. M.: Während der Meditation kommt man mit anderen Daseinsebenen in Kontakt, die aber weder tiefer noch oberflächlicher sind. Karl Friedrich von Weizsäcker sagte: »Körper und Geist sind zwei verschiedene Arten, sich seiner selbst bewusst zu werden.« Alle Prozesse im Körper und im Geist laufen synchron ab, sie sind einander völlig gleichwertig. Schwierige Emotionen wirken sich auf den Körper aus, schwierige körperliche Erkrankungen haben auch Auswirkungen auf die Gefühle. Ob ich mir in der Meditation den gegenwärtigen Prozess auf der körperlichen oder auf der geistigen Ebene bewusst mache, obliegt meiner Entscheidung. Ich kann natürlich auch zwischen den Ebenen hin- und herwechseln. Die akzeptierende Wahrnehmung in der Meditation wirkt auf jeden Fall heilsam auf den Körper, die Gefühle und die Gedanken.

Wie verstehen Sie die Kausalität zwischen körperlicher Krankheit und geistiger Haltung? Nach dem Motto: »Ich habe einen Schnupfen, der mir sagen will, dass ich die Nase von etwas voll habe.«

M. M.: Ich würde zuweilen solche Zusammenhänge ähnlich benennen, doch die Schlüsse nicht mehr ganz so schnell ziehen. Eine körperliche Störung kann durchaus ein geistiges Ungleichgewicht zum Ausdruck bringen und umgekehrt. Aber es scheint mir zu eingleisig zu vermuten: »Weil du zu viel gearbeitet hast, hast du jetzt Brustkrebs bekommen.« Wenn wir so denken, werden wir weder uns selbst noch einer anderen Person gerecht. Manchmal erkennen wir bei uns selbst Zusammenhänge zwischen Verhaltensweisen und Krankheiten und denken, dass es für andere ebenso sein müsste. Doch meine Lebensumstände sind nicht einfach auf andere übertragbar. Wir bilden uns viel zu schnell ein Urteil, um das Unfassbare zu bewältigen. Da sagen manche: »Ihr musstet dieses Kind verlieren, damit ihr jetzt immer einen Engel an eurer Seite habt.« Oder Menschen, die einen Unfall hatten, bekommen zu hören: »Du musstest dieses schweren Unfall haben, damit du endlich aufwachst.« Oder: »Du musstest diese Krankheit haben, damit …« Diese Form von Zusammenhängen existiert nur in unserem Denken. Das kausale Denken ist jedoch eine sehr begrenzte Form des Denkens, die dem großen Raum des Geistes und der Komplexität unseres Lebens nicht gerecht wird.

Man kann sich auch fragen: Warum sind so viele Meditationslehrer an Krebs gestorben? Ich habe darauf keine Antwort. Chögyam Trungpa sagte, man bewege sich bei Fragen von Krankheit und Tod in so subtilen Bereichen, dass es vermessen sei, von sicheren Antworten zu sprechen. Wir müssen lernen, mit dem unerklärlichen Leben zurecht zu kommen. Wenn wir lernen, unsere Verletzbarkeit zu respektieren, und wenn wir bereit sind, die herzerweichende Qualität des Lebendigseins zu spüren, erfahren wir Heilung. In der buddhistischen Lehre sprechen wir von drei Toren zum Erwachen: Das eine Tor führt über den Schmerz, das andere Tor führt über die Vergänglichkeit und das dritte Tor führt über die Erfahrung von der Selbstlosigkeit zum Erwachen. Ganz gleich, durch welches Tor wir gehen, wenn wir mit höchster Achtsamkeit unterwegs sind, birgt jeder Weg große Heilungschancen.

Geführte Meditation zum Erforschen von Schmerz – Übung nach Marie Mannschatz

Nehmen Sie sich für die folgende Meditationsübung etwa zwanzig bis dreißig Minuten ungestörte Zeit, um in möglichst ruhiger Haltung, im Liegen oder im Sitzen, mit geschlossenen Augen tief in Ihren Körper hineinzuspüren. Richten Sie die Aufmerksamkeit auf einen schmerzhaften Bereich im Körper.

- Nehmen Sie den angespannten oder schmerzhaften Bereich detailliert wahr: Welche Form hat er, wie wird er begrenzt, welchen Raum nimmt er ein, ist er rund, dreieckig, ein Kubus, eher flach, lang, gestreckt?

- Womit ist der Schmerzraum gefüllt? Mit Stechen, Prickeln, Pulsieren, Hitze, Kälte, Krampf, Zerren, Ziehen? Wie können Sie das Zentrum im Schmerzraum empfinden, wie sieht die Umrandung aus, die Grenze zwischen dem schmerzhaften und nicht mehr schmerzhaften Bereich im Körper?

- Sind die Grenzen scharf, porös, zerfließend? Zeichnen Sie die Umrisse des Schmerzes innerlich nach. Wirkt sich dieser Schmerz auf den weiteren Körper aus oder ist er eher isoliert und eingekleidet in Hitze, Kälte, Verkrampfung?

- Ändert sich der Schmerz, wenn Sie Ihre Aufmerksamkeit dorthin richten? Wird er stärker, schwächer, vibrierender?

- Wie stehen Sie zu diesen Empfindungen: Wünschten Sie, diese Gefühle wären nicht da, können Sie sie akzeptieren, zulassen, mit Interesse betrachten?

- Nehmen Sie alles wahr, ohne es zu beurteilen. Denken Sie nicht, es sollte anders sein, oder dass mit Ihnen etwas nicht stimmt. Schenken Sie sich lieber Anerkennung für Ihr Bemühen, sich für den Schmerz zu öffnen und ihn mit reiner Achtsamkeit zu spüren.

- Nach dieser ersten Öffnung für den Schmerz üben Sie nun weiter, um ihn anzunehmen. Vergegenwärtigen Sie sich noch einmal deutlich Umrisse, Zentrum, Volumen und Qualitäten des Schmerzes, die Sie fühlen und benennen können. Senden Sie Ihren Atem in Richtung des Schmerzes, und grüßen Sie ihn jetzt – vielleicht folgendermaßen: »Ich grüße dich, Schmerz, denn ich kenne dich doch schon! Ich setze mich jetzt in Gedanken zu dir, um mich mit dir zu unterhalten, weil ich dich besser kennenlernen möchte.«

- Nach dieser Einladung versuchen Sie innerlich durch die reine Vorstellung den Raum um den Schmerz herum zu vergrößern, damit er sich ausdehnen kann und mehr Platz bekommt.

- Nun versuchen Sie das »unangenehm« aus dem Verhältnis zum Schmerz herauszufiltern! Erklären Sie sich bereit, sich mit dem Schmerz anzufreunden und nicht mehr abwehrend auf ihn zu reagieren: »Lieber Schmerz, ich möchte dich kennenlernen und verstehen, begreifen, was du signalisiert und was ich von dir lernen kann. Was möchtest du mir sagen?«

- Jetzt ist inneres Verweilen hilfreich. Sie brauchen Mitgefühl für sich selbst, für die Schwierigkeit, einen solchen problematischen Besucher zu empfangen. Sagen Sie zu sich selbst: »Möge es mir gelingen, entspannt mit meinen Schmerzen umzugehen. Ich kann fühlen, dass dies keine einfache Aufgabe ist, und ich möchte darauf achten, mich nicht vom Schmerz überwältigen zu lassen!«

- Wiederholen Sie innerlich mehrfach voller Mitgefühl für sich selbst: »Mich berührt mein Schmerz«, oder: »Möge ich frei sein von Kummer und Schmerz«, oder: »Mein Schmerz erreicht mich«, oder: »Ich möchte mit mir selbst liebevoll umgehen unter diesen schwierigen Umständen.«

- Wie verändert sich die Qualität des Schmerzes, wenn es gelingt, nicht mehr reflexartig auf ihn zu reagieren, sondern entspannt, akzeptierend, voller Mitgefühl für sich selbst? Spüren Sie einen Unterschied zwischen dem Sich-Abfinden mit einem Schmerz und dem akzeptierenden Annehmen?

- Was braucht Ihr Schmerz? Wonach ruft er? Was könnte in dieser Situation balsamisch und heilsam wirken? Lassen Sie alle Gedanken zu, die in Ihnen dazu auftauchen. Schließen Sie nichts aus. Nehmen Sie die Antwort nur zur Kenntnis, Sie müssen sie nicht gleich in die Tat umsetzen.

- Lassen Sie sich abschließend Zeit, die Erfahrungen in dieser Meditation nachklingen zu lassen und sich auszuruhen. Was hat Sie am meisten verblüfft? Was möchten Sie sich merken? Wie fühlt sich Ihr Körper jetzt an? Gibt es herausragende Empfindungen im Körper?

Lisa Freund

Das Leid überwinden

Aus der Perspektive der Schulmedizin betrachtet, geschieht Heilung primär auf der körperlichen Ebene. Im Buddhismus hingegen entsteht wahre Heilung auf einer viel tieferen Ebene, nämlich dann, wenn wir erkennen, dass wir eine uns innewohnende Natur haben, die sogenannte Buddhanatur, die Vollkommenheit und Reinheit besitzt und unsterblich ist. Um damit in Kontakt zu kommen, bedarf es nach Lisa Freund, die seit 1990 Schülerin des tibetisch-buddhistischen Meisters Sogyal Rinpoche und seit 1980 aktiv in der Hospizbewegung tätig ist, der Auflösung von negativen Gedankenmustern und Gewohnheiten sowie der Entfaltung von Gleichmut und Mitgefühl. Lösen sich negative Gedanken und belastende Emotionen auf, wirkt sich das heilend auf unseren Körper und unseren Geist aus. Dann können wir – so Lisa Freund – tiefen Frieden und Glück erfahren, auch wenn der Körper sehr krank ist oder sogar stirbt.

Was ist aus buddhistischer Sicht die Ursache für Krankheiten?

Lisa Freund: Ich kann hier nur mein Verständnis wiedergeben. Grundsätzlich sehe ich drei wesentliche Ursachen.

1. Die Vergänglichkeit unserer Existenz: Alles was geboren wurde, wird sterben. Alles, was Form hat, geht über in die Formlosigkeit. Die Grundlage dieser Existenz ist also die Vergänglichkeit. Im Leben sind wir alle auf dem Weg zum Friedhof (Ayya Khema). Das bedeutet, dass Krankheit zum Leben gehört und schließlich auch für die meisten von uns dazu führen wird, dass das Leben zu Ende geht. Krankheit entspringt unserer Vergänglichkeit, führt uns die grundsätzliche Unsicherheit in dieser Existenz vor Augen und ist in diesem Sinne ein Ausdruck von Leiden im Leben, neben Alter und Tod. Krankheit als eine körperlich manifeste Form des Leidens kann uns dazu motivieren, dass wir uns auf uns selbst besinnen und therapeutische Hilfe suchen, vielleicht sogar auf die spirituelle Suche gehen und einen Pfad wählen, das Leiden nicht nur körperlich, sondern auch ganz allgemein in diesem Leben zu überwinden, und zwar auf der Ebene des Geistes. Aus buddhistischer Sicht gibt es ein Bewusstseinskontinuum, das unsterblich ist und das auch diesen Körper überdauert. Es ist nicht an den Körper gebunden, es zieht in diesen Körper ein und im Moment des Todes wieder aus. Für dieses Bewusstseinskontinuum, das nur auf der geistigen Ebene existiert, ist der Körper nichts anderes als ein vorübergehendes Zuhause, in dem man wohnt, das man pflegt, aber das man auch bereitwillig aufgeben sollte, wenn es marode geworden ist, das heißt, wenn der Tod kommt.

2. *Karmische Ursachen:* Unsere Existenz unterliegt dem natürlichen Gesetz von Ursache und Wirkung oder dem Gesetz des Karma: Dies erkannte der Buddha in der zweiten Nacht nach seiner Erleuchtung. Karma heißt übersetzt »Handlung«. Sogyal Rinpoche hat in seinem Buch *Das tibetische Buch vom Leben und Sterben* eine Definition von Karma gegeben: »Ganz einfach formuliert bedeutet es, dass alles, was wir tun – mit Körper, Rede und Geist –, entsprechende Ergebnisse hervorbringt. Selbst die kleinste Handlung trägt bereits all ihre Konsequenzen in sich.« Karma ist in unserem Bewusstseinskontinuum gespeichert, das über dieses Leben hinausgeht. Es kann also heute Karma reifen, das zu einer Krankheit führt, weil die passenden Umstände dafür da sind. Wir haben es dann mit einem Ursache-Wirkungs-Komplex zu tun, der unter Umständen aus Zusammenhängen vor diesem Leben stammt. Hinzu können Faktoren kommen, die aus dieser Existenz herrühren.

3. Wechselseitige Einflüsse von Geist und Körper: Körper und Geist wirken zusammen, auch wenn der Geist mehr ist als dieser Körper. Negative Haltungen und Einstellung, negatives Denken, das in der Verknüpfung mit Emotionen wie beispielsweise Hass besondere Kräfte entwickelt – können unter ungünstigen Umständen im Leben ein körperliches Ungleichgewicht verstärken oder sogar hervorrufen, aus dem heraus dann eine Krankheit entsteht.

Grundsätzlich wirken bei einer Krankheit eine Vielfalt von Faktoren zusammen, und es entsteht ein Feld der Interdependenz, das wir erforschen müssen, um den für den Erkrankten angemessenen Weg der Heilung auf der körperlichen und der geistigen Ebene zu finden. Beide sind in diesem Körper eng miteinander verknüpft.

Was würden Sie aus buddhistischer Sicht unter Heilung verstehen?

L. F.: Natürlich gibt es Heilung überwiegend auf der körperlichen Ebene, wenn eine Brandwunde mit Hilfe einer Salbe nach zwei Tagen abheilt. In einem tieferen Sinne entsteht Heilung jedoch auf der geistigen Ebene, wenn wir einsehen, dass wir eine uns innewohnende Natur haben, die Buddhanatur, eine auf der Ebene des Geistes angesiedelte, ursprüngliche Vollkommenheit und Reinheit, die unsterblich ist. Um in diesem »göttlichen Kern« zu ruhen, bedarf es der Auflösung von Verblendung beziehungsweise negativen Gedankenmustern und Gewohnheiten sowie der Entfaltung von Gleichmut/Gelassenheit ohne Anhaftung und Abneigung. Dorthin gelangen wir mit Hilfe der Entwirrung und Neutralisierung von Emotionen und negativen Geisteszuständen. Im Alltag verfangen wir uns immer wieder in karmischen Prägungen, negativem Denken und Handeln, was einer Art Hamsterrad gleicht. Bei anderen Menschen sehen wir oft, wie sie darin feststecken, manchmal fühlt sich das kurios an, bei uns selber fällt es uns meistens nicht auf.

Wenn es uns gelingt, uns mit unserer Buddhanatur zu verbinden, die man mit einem wolkenlosen, von der Sonne bestrahlten Himmel vergleichen kann, dann lösen sich die Wolken der Negativität, der belastenden Emotionen, auf, und dies hat auch Auswirkungen auf unseren Körper. Die vollkommene Verschmelzung mit unserer Buddhanatur, die auch als klares Licht vorgestellt wird, führt zur Erleuchtung und damit zum Ausstieg aus dem Leidenskreislauf. Das meinte der Satz des Buddha: »Die Todlosigkeit ist gefunden«, nachdem er die Erleuchtung erlangt hatte. Dies ist vollkommene Heilung. Dahin führen alle Methoden und geschickten Mittel, die helfen, die Wolken der Verblendung unseres Denkens, Fühlens und Wahrnehmens aufzulösen, damit der Himmel dahinter, ein Symbol für unsere unsterbliche Buddhanatur, ein selbstloses und mitfühlendes Strahlen entfalten kann, das wie die Sonne ist. Wenn es während einer Krankheit gelingt – die wir auf der körperlichen Ebene selbstverständlich medizinisch und pflegerisch angemessen behandeln –, mit diesem inneren Raum der Heilung verbunden zu sein, empfinden wir großen Frieden und Glück, auch wenn der Körper sehr krank ist oder sogar stirbt.

Das zeigt, dass der Geist den Körper nicht nur überdauert, sondern viel stärker ist als er oder diesem übergeordnet. In einem Prozess umfassender Heilung sollten wir uns immer der heilenden Kraft des Geistes bedienen und diese inspirieren, so wie es uns möglich ist.

Im Buddhismus heißt es, dass das Leben leidvoll ist. Wie ist diese Aussage im Hinblick auf die persönliche Heilung zu verstehen?

L. F.: Solange wir unwissend sind, ist Leiden eine grundlegende Erfahrung unserer Existenz. Das Ziel des spirituellen Weges ist die Überwindung von Leiden oder anders ausgedrückt die Erlangung dauerhaften Glücks. Das geschieht durch innere Wandlung im Geist, die sich in unseren Einstellungen und Haltungen ausdrückt. Das ist der Sinn der buddhistischen Lehre.

Die Erkenntnis vom Leiden bildet den Ausgangspunkt. Wenn wir uns dann für Wege öffnen, die uns zeigen, wie wir uns davon befreien können, werden wir gelassener, zufriedener und lebensfroher, steigen immer wieder aus der Achterbahn der Gefühle und des Denkens aus, lösen uns von Anhaftung und Abneigung und erlangen eine tiefe Ausgewogenheit, eine Verankerung in Mitgefühl, Liebe und dauerhaftem Glück. Dieses Glück ist unabhängig von körperlicher Befindlichkeit und geht auch über den Körper hinaus. Das ist die Vision, und der spirituelle Weg führt direkt in ihre Verwirklichung.

Welche Bedeutung hat die Bewusstmachung des Todes, der menschlichen Endlichkeit, für den Heilungsprozess eines Menschen?

L. F.: Wenn ich innerlich begreife, dass dieses Leben mit dem Tod endet, dann habe ich eine Grundlage der menschlichen Existenz erkannt. Dies gilt für den Körper und das Ego, das in ihm entstanden ist, jedoch nicht für die ursprüngliche Natur meines Geistes. Da mein Bewusstseinskontinuum weitergeht, konzentriere ich mich darauf, es zu schulen, positiv zu denken, Heilsames zu tun, das Greifen beispielsweise nach Dingen, Beziehungen und Konzepten aufzugeben und die Abneigung gegenüber Menschen, Dingen, Einstellungen und Handlungen aufzugeben. Ziel ist es, eine zufriedene Ausgeglichenheit im Geist, innere Freude und mitfühlendes Handeln zu entwickeln Ich gliedere mich ein in den Lebensstrom, in dem sich immer alles wandelt. Die Akzeptanz der Endlichkeit macht mich innerlich freier, lässt mich ethisch leben. Ich kann den Augenblick wertschätzen, da ich um seine Einmaligkeit weiß, und erkenne das Potenzial in dieser wertvollen menschlichen Existenz. Darin liegt für mich Heilung. Vielleicht ist es dann möglich, auch im Sterben das Herz so weit zu öffnen, dass ich das Verbundensein von allem mit allem spüre und Mitgefühl mich durchströmt. So können wir reifen und wachsen, auch wenn der Körper sich auflöst.

Wie wichtig ist die Bewusstmachung des Todes für das persönliche Leben und den persönlichen Heilungsprozess?

L. F.: Sie wirkt im obigen Sinne befreiend, schärft den Blick für den außerordentlichen Wert der Begegnung in diesem Moment, lässt mich achtsamer denken und handeln, erfordert eine Schwerpunktsetzung im Leben und auf dem spirituellen Weg, bewirkt die innere Ausrichtung auf heilsames Denken und Tun und fordert mich heraus, Verantwortung für mich und die Umwelt zu übernehmen. Krankheit und Krisen sind kleine Tode. So gesehen kann ich schauen, was ich verändern soll, wo der Keim für das Neue hinstrebt, was sich aus meinem Leben entfernen will. Ich kann mich darin üben, dies geschehen zu lassen, indem ich meine Verknotungen sanft lösen lerne. In Krisen, gesundheitlichen oder Lebenskrisen ganz allgemein, lerne ich so auch etwas über das Sterben.

Die Gegenwart des Todes fordert mich heraus, mich mit der Unsterblichkeit des Geistes auseinanderzusetzen, also mit dem Teil in mir, der den Tod überlebt. Hieraus schöpfe ich Mut und Vertrauen, widme mich dem inneren Wachstum durch Meditation und Studium spiritueller Lehren, versuche den unsterblichen Raum in mir zu betreten. So kann ich mich auf den Tod vorbereiten. Ich kann mir auch Wissen über den Sterbeprozess aneignen.

Innerlich verbinde ich mich mit meinen Kraftquellen, den Verkörperungen von Wahrheit und universeller Liebe, versuche, meinen Geist darin ruhen zu lassen. Ich richte das Augenmerk auf die Dinge, die sich in mir ungeklärt, nicht rund anfühlen, und suche Wege, sie zu bereinigen. Das auch ganz konkret, indem ich ein Testament anfertige, eine Patientenverfügung erstelle, Schulden begleiche, meine Dinge in Ordnung bringe, Unerledigtes abschließe. So gewinne ich frische Energie für den Heilungsprozess, der mich, wenn die Umstände günstig sind, wieder gesund werden lässt.

Wie kann sich ein Mensch, der unheilbar erkrankt ist, konstruktiv mit dem eigenen Tod auseinandersetzen, um Heilung zu erfahren, auch wenn der physische Körper sterben wird?

L. F.: Wichtig finde ich die Verbindung mit den inneren Kraftquellen, die helfen, in der Krise nicht unterzugehen, die Mut machen, auch einmal zu sagen: »Christus /Buddha, hilf mir.« Wir sollten auch Menschen um Hilfe bitten, wenn wir diese benötigen, denn wir müssen nicht alles alleine schultern.

Wir können zum Beispiel in unseren Gedanken in den Lebensübergang reisen und so diese Dimension kennenlernen. Ich leite hierzu in meinen Fortbildungen immer wieder eine Visualisation an, die »Reise durch den Tod« heißt. Sie ist sehr befreiend. So kann ich vielleicht erfahren, dass der Tod nicht das Ende ist, sondern ein neuer Anfang.

Wenn ich unheilbar krank bin, kann ich eindeutige Entscheidungen fällen (für den Fall, dass mein Bewusstsein nicht getrübt ist) über den therapeutischen Weg und ihn mit ganzem Herzen gehen. Korrigieren kann man Entscheidungen immer wieder, aber auch dann gilt: Übernimm die Verantwortung für deine Therapie in Absprache mit den Fachleuten ganz! Das hilft, die Macht des Zweifels und Schuld-Projektionen auf Ärzte, Pflegekräfte und Angehörige zu reduzieren. Damit umgehe ich unheilsame Geisteszustände.

Am wichtigsten finde ich, dieses Leben wirklich ganz zu leben, die innere Freude zu bewahren an dem Reichtum dieser Existenz, auch in der Krankheit. Jeder von uns ist wertvoll und einzigartig bis zum letzten Moment. Wichtig ist es zu üben, sich selbst anzunehmen, auch wenn wir hilflos und auf Pflege angewiesen sind. Mitgefühl für sich und andere zu entfalten ermöglicht es, sich von der Fixierung auf das eigene Leiden zu lösen.

Wir können oft auch unser Schicksal in die eigene Hand nehmen, indem wir Entscheidungen fällen, unsere Bedürfnisse ernst nehmen, tun, was uns guttut, vermeiden, was uns schadet, und wenn die Dinge anders kommen, als wir denken, eine Portion Humor und Gelassenheit entwickeln. Im Inneren können wir Frieden empfinden, wenn wir uns nicht mit ungünstigen Umständen identifizieren oder unsere Kraft vergeuden, indem wir einen äußeren Kleinkrieg auf Nebenschauplätzen führen gegen Ärzte, Schwestern, Angehörige. Das kostet Kraft, die, wenn wir sie ins Positive transformieren, dem Heilungsprozess zu Gute kommt. Grundsätzlich ist alle Energie neutral, also warum zu viel Negatives kreieren, wenn wir auch Positives schaffen können? Jeder kann das selbst entscheiden, es liegt in seiner Hand. Auch wenn es ungünstige Umstände gibt, ist es immer noch eine Frage, wie wir damit umgehen. Manchmal können wir sie nicht ändern, aber unsere Einstellung dazu, die innere Haltung, können wir positiv beeinflussen. Das hat große Auswirkungen auf unser Selbstwertgefühl und unsere Befindlichkeit. Und damit auf den Geist. Je friedlicher der Geisteszustand im Moment des Todes ist, um so bessere Bedingungen hat unser Bewusstseinskontinuum bei allem, was nach dem Tod kommt. Wenn wir im Geist Frieden finden, schwindet die Angst vor dem Tod, denn wir haben Vertrauen entwickelt. Wo Vertrauen ist, vielleicht sogar Hingabe, hat die Angst keine Kraft.

Wir sollten den Mut haben, Abschied zu nehmen von unseren Eltern, Kindern, Freunden. Wir können ihnen sagen, dass wir sie lieben, ein Geschenk mit auf den Weg geben oder auch Unerledigtes ansprechen und klären. Dieser Abschied erfordert Mut, der jedoch viel Kraft gibt. Das Herz kann sich öffnen, Mitgefühl und Liebe können fließen. Es lösen sich Anhaftungen und Abneigungen. Wir werden ein wenig freier für den Übergang, denn wir reinigen unseren Geist.

Das Wichtigste ist, eine spirituelle Praxis zu finden, die durch alles hindurch trägt und in der wir uns vollkommen aufgehoben und geborgen fühlen, eine echte Herzenspraxis, in die wir uns ganz hineingeben können, wenn Angst und Unsicherheit kommen.

Welche Rolle spielen bei der eigenen Heilung innere und äußere Versöhnung, Glaube und praktizierte Religiosität?

L. F.: Wenn sie auf Hingabe an meine innere Kraftquelle beruhen, dann sind alle Türen offen für die Verbindung mit der eigenen Unsterblichkeit, in der die innere Heilkraft wohnt. Wirkliche ganzheitliche, tiefe Heilung ist, denke ich, nur so möglich. Dies kann heißen, ich sterbe, dennoch werde ich auf geistiger Ebene gesund.

Innere Zuflucht oder Kraftquellen-Meditation – Übung nach Lisa Freund

Setzen Sie sich mit aufrechtem Rücken (wenn möglich mit gekreuzten Beinen) auf einen Stuhl oder ein Kissen. Sorgen Sie dafür, dass Sie ungestört sind. Halten Sie den Kopf gerade, die Hände entspannt auf Oberschenkeln oder Knien, den Mund leicht geöffnet, die Augen geschlossen oder mit nicht fokussiertem Blick auf den Boden gerichtet. Achten Sie darauf, dass der Körper aufrecht, jedoch auch entspannt sitzt. Richten Sie die Aufmerksamkeit auf den Atem. Spüren Sie für eine Weile das Ein- und Ausatmen.

Lassen Sie Gedanken und Gefühle kommen und gehen wie die Wolken am Himmel. Alles darf geschehen. Spinnen Sie jedoch keine Fäden weiter. Ruhen Sie – bildlich gesprochen – im himmelsgleichen Raum, und lassen Sie die Wolken von Gefühlen, Wahrnehmungen und Gedanken einfach vorbeiziehen, ohne nach ihnen zu greifen oder sich in sie zu verwickeln.

Dann stellen Sie sich vor, wie aus dem himmelsgleichen Raum über Ihnen Ihre Kraftquelle erscheint. Sie ist Ihre Verkörperung von Wahrheit, Weisheit und Liebe in einem allumfassenden Sinn. Das kann ein Buddha sein, Christus, ein Licht oder ein inneres Bild, das Sie aus Ihrer Kindheit kennen. Sehen Sie Ihre Kraftquelle vor sich, und spüren Sie ihre Präsenz. Die Kraftquelle erscheint Ihnen strahlend und in einer Gestalt aus Licht.

Sehen oder spüren Sie nun, wie das Licht Ihrer Kraftquelle über Sie fließt. Fühlen Sie sich umgeben von einer Dusche aus Licht, die Ihr Energiefeld ausgleicht, reinigt und klärt. Das Licht fließt dann in Ihren Körper, und zwar über den Scheitel, verteilt sich von dort aus bis in die Zellen hinein. Lassen Sie das Licht dann zu den Stellen im Körper fließen, die sich heute schmerzhaft anfühlen, die angespannt sind oder in denen eine körperliche Krankheit sitzt. Weiten Sie die Vorstellung aus, und lassen Sie das Licht dorthin fließen, wo Sie von einengenden, belastenden Gefühlen geplagt werden, schließlich strömt das Licht in Gedankenmuster, die dazu neigen, sich zu verknoten. Nun nehmen Sie ein Durchströmtwerden von Licht wahr. Bleiben Sie in Verbindung mit Ihrer Kraftquelle. Das Licht spült alle Verdunklungen aus Ihnen heraus und löst diese in Leere auf.

Jetzt konzentrieren Sie sich darauf, dass das Licht sich in Ihrem Herzen zu einer kleinen Sonne verdichtet, die nach allen Richtungen strahlt. Wenn Sie mögen, lassen Sie die Sonnenstrahlen zu einem Menschen fließen, den Sie vor Ihrem geistigen Auge sehen, der gerade leidet oder schwere Situationen durchlebt. Bleiben Sie in Verbindung mit Ihrer Kraftquelle, während das Licht aus Ihrem Herzen zu diesem Menschen fließt. Sie können das Licht dann noch ausdehnen auf andere fühlende Wesen oder Orte auf diesem Planeten, die Heilung brauchen.

Am Schluss der Übung stellen Sie sich vor, dass Sie ein Lichtpunkt unter vielen im Universum sind, die Frieden, Mitgefühl und Liebe ausstrahlen. Diese Lichtpunkte sind in einem Netz miteinander verbunden, das ein Energiefeld bildet und heilende Energie ausstrahlt.

Dann lösen Sie die inneren Bilder in einem weißen Nebel auf. Spüren Sie sich in diesem Körper, in diesem Raum, nehmen Sie wahr, wie Sie sitzen. Spüren Sie den Kontakt zum Boden, öffnen Sie wieder die Augen, dehnen Sie sich, strecken Sie sich, räkeln Sie sich. Nehmen Sie etwas von dem Frieden, den Sie empfunden haben mögen, mit in diesen Raum.

Genaueres über diese Meditation und unterschiedliche Varianten davon finden Sie in Tulku Thondups Buch *Die heilende Kraft des Geistes.*

Es gibt zahlreiche andere Möglichkeiten, innere Heilung mit Hilfe von Meditation zu fördern, diese kleine Visualisation ist nur ein Beispiel. Sie ist sehr kraftvoll. Es bedarf jedoch einiger Zeit, bis man die Kraftquelle deutlich sieht oder spürt, wenn man mit solchen geistigen Übungen bislang noch keine Erfahrungen hat.

R. Sriram

Der eigenen Heilkraft vertrauen

Immer mehr Menschen wollen heute in ihrer Ganzheitlichkeit betrachtet werden und nicht nur als Versicherungsnummer ihrer gesetzlichen oder privaten Krankenkassen. Werden wir als solche einzigartigen Wesen gesehen und respektiert, dann ist tiefe Heilung möglich. Diese Ansicht vertritt der indische Yogalehrer R. Sriram. 1954 wurde er in Mayuram, Indien, geboren, war Schüler von Sri T. K. V. Desikachar und unterrichtete mehrere Jahre am Krishnamacharya Yoga Mandiram in Chennai. Seit 1987 lebt R. Sriram zusammen mit seiner deutschen Frau Anjali in Deutschland und Indien. Mittlerweile ist er in Deutschland, Österreich und der Schweiz einer der wichtigsten Yogalehrer. Im Zentrum seiner Arbeit steht der konkrete Mensch mit seinen Bedürfnissen, Problemen und Grenzen. Und so folgen die Übungen, die R. Sriram in Einzelstunden vermittelt, keinem starren Schema und basieren nicht auf statischer Technik, sondern sind den jeweiligen Gegebenheiten des Menschen angepasst. Sie ermöglichen ihm, den eigenen Körper und Geist besser kennenzulernen. So wird ein Freiraum erlebbar, in dem der eigene Atem ungehindert fließen kann. Der Körper entspannt, der Geist gelangt zu Klarheit und Ruhe, und wir lernen mehr und mehr, in die eigene Heilkraft zu vertrauen.

Wie entsteht aus Ihrer Sicht Krankheit?

R. Sriram: Es gibt drei Arten des Leidens. Bei der ersten Art des Leidens wissen wir nicht, wo es herkommt und warum es uns einholt (adidaivika duhkha). Das liegt daran, dass Leid ein Teil des menschlichen Daseins ist und uns einfach irgendwann durchdringt. Die zweite Art des Leidens kommt von Außen auf uns zu (adibhautika duhkha). Das kann zum Beispiel ein Schlangenbiss sein oder ein Autounfall. Es ist eine Art des Leidens, für die wir uns nicht wirklich zuständig fühlen müssen. Und dann gibt es die dritte Art des Leidens – Leiden, das wir selber verursacht haben (adhyatmika duhkha). Beispielsweise wenn wir etwas essen, was wir nicht gut verdauen können, oder wenn wir über lange Zeit schlecht schlafen oder über Jahre eine schlechte Angewohnheit haben, was sich irgendwann körperlich auswirkt. 99 Prozent des Leids werden in dieser Weise von uns selbst verursacht. So müssen wir die Krankheitsursachen fast immer bei uns suchen.

Woran erkenne ich die Ursache? Und wie ist es mir dann möglich, die Ursache zu behandeln und nicht das Symptom?

R. S.: Eine Krankheit kommt niemals von heute auf morgen. Wir können zwar die Symptome plötzlich spüren, aber die Krankheit hat meist eine lange Entstehungsgeschichte. Je sensibler wir werden und je mehr wir unseren Körper in den Mittelpunkt unserer Wahrnehmung stellen, desto eher erkennen wir die Ursache. Wer beispielsweise einen Hexenschuss bekommt, könnte meinen, dass er ihm aus heiterem Himmel geschickt wurde. Wenn er aber genau nachprüft, was die Ursache sein könnte, und sich fragt: »Wo war ich gestern? Wie habe ich mich verhalten? Wie war meine Körperhaltung, was habe ich gegessen und wie war ich emotional gestimmt?«, kann er bestimmt erkennen, dass der Vorfall bereits in seinem gestrigen Tag angelegt war. Und wenn er noch genauer hinschaut, sieht er vielleicht, dass es nicht nur am gestrigen Tag, sondern an den letzten sechs Monaten oder am letzten Jahr liegen kann. So werden wir merken, dass einige Ursachen, die zu dem Symptom geführt haben, bei uns selbst liegen. Auch wenn das Erscheinungsbild plötzlich zu Tage tritt, hat es sich langsam entwickelt.

Warum bemerken wir im Leben die Ursache so spät?

R. S.: Der auslösende Faktor ist das ungelöste Leid (duhkha), das da ist. Das kann ein emotionales, seelisches oder körperliches Leid sein, das wir nicht zur Kenntnis nehmen, entweder weil wir zu viel mit anderen Sachen beschäftigt sind oder weil wir keine Lust haben, uns damit zu beschäftigen. Wenn sich dieses Leid in uns einnistet und wir ihm Raum gewährt haben, schlägt es um in eine Art Pessimismus oder Skepsis (daurmanas). Sie kann sich dann so äußern, dass wir denken: »Eigentlich ist es egal, was ich esse, warum soll ich mich um so kleine Wehwechen kümmern; die Welt ist eh leidvoll, jetzt kommt es nicht mehr darauf an, wie ich mich verhalte; das Leben geht sowieso weiter, warum soll ich so zimperlich sein.« Diese gleichgültige Einstellung führt allmählich zu einer körperlichen Unbeherrschtheit; wir nehmen die körperlichen Signale nicht mehr wahr und stolpern zum Beispiel, verkrampfen uns oder lassen uns körperlich gehen (angam-ejayatva). Wenn diese Tendenz zunimmt, tritt die Krankheit irgendwann zum Vorschein. Wenn wir sie auch dann nicht wahrnehmen, stürzt irgendwann unser System zusammen. Dann besteht die Gefahr, dass sogar selbstverständliche körperliche Vorgänge und einfache Dinge wie das Atmen nicht mehr richtig funktionieren (svasa-prasvasa). Spätestens zu diesem Zeitpunkt weigert sich das System Körper, unseren Lebensstil mitzumachen.

Wie können die geistigen Kräfte beschrieben werden, die zu dieser Entwicklung führen?

R. S.: Das Leben ist permanent im Wandel. Der Druck, der auf uns lastet, die Umgebung, der Alterungsprozess, die Qualität unseres Stoffwechsels – all das ändert sich fortwährend. Deshalb ist Gesundheit eine ganz feine, diffizile Lebensqualität, die wir uns ständig erkämpfen oder erwerben müssen. Wir sind nur gesund, wenn wir es wirklich in dem Augenblick, wo wir es sagen, empfinden. Diese Balance kann in einer Stunde auch schon wieder verloren gehen. Allein deshalb kann Krankheit sich durchsetzen. Man braucht keine weitere Ursache zu suchen, als dass die Gesundheit etwas Diffiziles ist. Es gibt aber viele Auslöser, die dazu beitragen, dass wir krank werden.

Einer davon ist das, was wir heute als Stress bezeichnen. Im Yoga bezeichnet man ihn als Unruhe – nicht fokussiert sein und unter dem Druck von vielen unterschiedlichen Dingen stehen, so dass wir ständig abgelenkt sind. Das ist heutzutage ein großes Problem.

Ein zweiter Auslöser ist, dass wir zu sehr großer Trägheit fähig sind, zu einer Art Gleichgültigkeit gegenüber Dingen, die uns letztlich doch wichtig sind.

Dazu kommt, dass wir der Heilkraft in uns gar nicht *wirklich* vertrauen. Wir bekommen im Laufe des Lebens so viel Rückschläge in Bezug auf unsere Gesundheit, weil wir den Blick für die Ursache nicht haben, so dass wir das Vertrauen in unsere eigene Heilkraft verlieren.

Ein weiterer Auslöser ist die Unentschiedenheit. Sie ist bei Krankheiten sehr problematisch, weil sie uns und damit unsere Abwehrkräfte schwächt. Heute werden wir mit Informationen überflutet, die uns sagen, was alles schlecht ist. Da müssen wir Acht geben, dass wir nicht permanentem Zweifel anheimfallen.

Letztlich spielt die Geringschätzung als Auslöser eine große Rolle. Wir schätzen unsere Gesundheit nicht wirklich als Wert. Nur wer krank ist, schätzt die Gesundheit. Wer gesund ist, kümmert sich nicht darum. Zum Beispiel hat ein junger Mensch meist seine Grundgesundheit und ganz andere Themen, die ihn bewegen, als seine Gesundheit. Aber auch Ältere, die Krankheit als echte Bedrohung ihrer Lebensqualität kennen, ignorieren ihre Vorsätze, sobald sie sich gesund fühlen.

Wie können wir lernen, mit Trägheit und mangelndem Vertrauen umzugehen, um nicht noch mehr Leid zu verursachen?

R. S.: Das Leid ist in der gesamten indischen Philosophie ein sehr wichtiges Thema. Wer sich nicht damit auseinandersetzt, verfällt schnell in Gleichgültigkeit. Das gilt besonders für das Thema Gesundheit. Wir alle wissen, wie unangenehm es ist, Schmerzen zu haben, und wie wertvoll es ist, schmerzfrei zu sein. Diese Tatsache sollten wir uns regelmäßig vor Augen führen. Wir müssen Gesundheit als ein Geschenk schätzen lernen, das wir uns bemühen sollten zu bewahren. Also ist es erst einmal wichtig, sich klar zu machen, dass Gesundheit ein Schatz ist und Leiden kein Spaß, mit dem wir leichtfertig umgehen können. Wer hier über viele Jahre hinweg gleichgültig und ignorant bleibt, wird möglicherweise irgendwann depressiv oder sogar suizidgefährdet. Ein bewusster Umgang mit der eigenen Gesundheit ist ja auch eine Achtung vor dem Leben und vor unserem Dasein. Diese Einstellung ist für uns ganz wichtig. Sie wird uns helfen, langfristig mehr Vertrauen und Kraft zu gewinnen, um mit Krankheiten besser umzugehen oder deren Entwicklung rechtzeitig zu stoppen.

Meist kümmern wir uns erst um unsere Gesundheit, wenn wir krank sind. Wie kann ein Mensch Heilung erfahren, der bereits krank ist?

R. S.: Wir sollten uns fragen, ob wir wirklich gesund werden wollen oder ob wir uns nur mit uns selbst beschäftigen und nicht unbedingt eine bessere Grundlebensqualität erwerben möchten. Wenn ich ständig Kopfschmerzen habe, dann bin ich die ganze Zeit mit den Kopfschmerzen beschäftigt und brauche mich nicht mit tiefer liegenden Problemen auseinanderzusetzen. Krankheiten sind häufig solche Ersatzerscheinungen. Darum muss ich mich als kranker Mensch fragen: »Schiebe ich mit dieser Krankheit etwas vor, überlagere ich meine wirkliche Not oder meine wirklichen Wünsche mit dem Wunsch, von meinen Kopfschmerzen befreit zu sein?«

Dennoch hat ein Mensch, der krank ist und Heilung erfahren möchte, möglicherweise eine sehr gute Voraussetzung:

wirklich Heilung zu wollen. Dann müsste er sich auf beide Aspekte des Heilungsweges einstellen:

Erstens, wenn ein Mensch jahrelang unter Kopfschmerzen litt, hat er Narben im Körper. Das heißt, auch wenn sein geistiger Zustand sich verbessert hat und sein Heilungswille sich durchsetzt, werden diese Narben weiterhin wirken – und er muss auf der körperlichen Ebene dagegen etwas tun. Die drei Standbeine der ayurvedischen Therapie – wichtig für uns in Indien im therapeutischen Ansatz des Yoga – sind Ernährung, Aktivität einschließlich Übungen für den Leib und den Atem sowie Medikamente. Jemand, der wirklich bereit ist, seine Krankheit zu heilen, müsste bereit sein, auf diesen drei Ebenen ernsthaft etwas zu tun. Und darauf setzen wir im Yoga: die Ernährung anpassen, die richtigen körperlichen Maßnahmen und Aktivitäten ergreifen (den passenden Yoga üben) und die medizinischen Vorschläge eines kompetenten Arztes befolgen. Das ist der erste Aspekt des Heilungsweges.

Was braucht man, um an die Wurzel der Krankheit heranzukommen? Wie kann ein Mensch, der Migräne hat, tiefer schauen?

R. S.: Diese Frage berührt den zweiten Aspekt des Heilungsweges. Ein Mensch, der krank ist, braucht auf jeden Fall Begleitung, um wirklich an die Wurzeln zu kommen – jemanden, dem er wirklich vertrauen kann. Besonders dann, wenn wir nicht in einem gesunden Zustand sind, können wir uns selbst nicht heilen. Das geht nicht. Da brauchen wir einen anderen Menschen. Wir brauchen eine Krücke. In dem Moment, in dem wir wieder laufen können, können wir die Krücke beiseite legen und frei gehen. (Allerdings sollten wir die Krücke nicht wegwerfen, denn wir könnten sie vielleicht irgendwann noch mal brauchen!). Das Vertrauen, das wir zu diesem uns begleitenden Menschen entwickeln, ist der erste Schritt. Dabei darf es auf keinen Fall bleiben. Dieses Vertrauen sollte uns vielmehr dazu führen, das Vertrauen in uns selbst wieder zu entdecken beziehungsweise zu entwickeln. Die Vertrauensfähigkeit, zu der ich wieder Zugang finde durch das Vertrauen, dass ich einem einzigen Menschen gebe, ist eine sehr gute Voraussetzung, um an die Wurzel zu kommen. Letztlich ist es aber auch wichtig zu erkennen, dass man den Körper nicht von Krankheiten reinigen kann. Der Körper ist ein Objekt, das verfällt, Krankheit ist ein Teil dieses Verfalls, und es gibt keinen gesunden Menschen in dem Sinne auf dieser Erde. Es gibt nur Menschen, die sich um ihre Gesundheit bemühen und sie wertschätzen. Es ist wichtig, Krankheiten, die schon da sind, nicht als etwas Schreckliches anzusehen, sondern als Asymmetrien oder Unstimmigkeiten, die in unserem Körper sind. Der Kampf mit der konkreten Krankheit ist in diesem Sinn nur ein Bruchteil der notwendigen Maßnahmen und Umstellungen, die die Heilung bedarf.

Die heute vorherrschende Ansicht, dass wir alle Krankheiten besiegen können, ist meines Erachtens falsch und dadurch äußerst problematisch. Sie wird von der pharmazeutischen Industrie propagiert, die immer neue Krankheitsbenennungen kreiert. Immer wieder neue Arten von Erkrankungen und Abweichungen von einem hypothetischen Bild der menschlichen Norm werden entdeckt, um die Industrie zu fördern. So werden wir mit neuen Krankheiten konfrontiert und verängstigt. Da glaube ich, dass Menschen schon viel Mut entwickeln müssen, um standhaft bei ihrem Heilungsweg zu bleiben.

Im Gegensatz dazu scheint es aber auch sehr viele neue Heilungsansätze zu geben, die uns tagtäglich über die Medien erreichen, und gleichzeitig werden immer mehr Menschen krank. Worin wurzelt dieser Widerspruch?

R. S.: Ich glaube, die vielen neuen Heilungsansätze haben damit zu tun, dass viele neue Möglichkeiten von Erkrankungen entworfen werden. Wenn ich zum Beispiel anschaue, wie leichtfertig Ärzte Frauen Hormone verschreiben, kann ich nicht wirklich glauben, dass ich im Westen, wo der Bürger als vernünftiges, rationales Wesen gesehen wird, lebe. Hier läuft etwas grundsätzlich falsch. Wenn eine Frau ihre Menstruation zu früh, zu spät oder gar nicht bekommt oder irgendetwas auch nur im kleinsten Maße nicht stimmt, dann werden ihr oft Hormone verschrieben. Egal, ob es ein junges Mädchen ist, das gerne ein Kind bekommen möchte, oder eine erwachsene Frau, die Probleme mit ihrer Menopause hat, allen Frauen werden ohne viel Zögern Hormone verschrieben, als wäre das eine Wohltat für die Frau, die sonst zu leiden hätte. Ich habe überwiegend Frauen in meinem Yogaunterricht und eine unglaublich große Prozentzahl von ihnen nimmt Hormonpräparate.

Wenn wir hier im Westen ein aufgeklärtes Leben führen, wo ist da die Aufklärung über die einfachen Tatsachen des Lebens? Anstatt auf die Ernährung oder die Lebensführung zu schauen, wird von außen auf den Körper eingewirkt, Körperrhythmen verändert und gemaßregelt. Es braucht keine Kopfakrobatik, um herausfinden, was der vernünftigere, rationalere Weg wäre. Wieso verschreibt ein Arzt Hormone, ohne mit einem Wort danach zu fragen, was die Frau isst? Warum beschäftigt sich ein Medizinstudent nicht mit den Lebensumständen und der Ernährung der Menschen, sondern stattdessen drei Jahre lang damit, die Namen von Präparaten und Produkte für bestimmte Krankheiten auswendig zu lernen?

Es ist ja auch mittlerweile so, dass jede achte Geburt in Deutschland mit Kaiserschnitt zur Welt gebracht wird. Ein Grund ist die Kostenersparnis, weil nicht so viel Personal benötigt wird wie bei einer Geburt, die vielleicht viele Stunden dauert.

R. S.: Als mein Sohn vor 25 Jahren geboren wurde, haben wir einen kleinen Aufstand machen müssen, weil wir nicht wollten, dass vorher unnötigerweise Ultraschall gemacht wird. Ultraschalluntersuchungen in der Schwangerschaft sind heute Routine geworden. Die Frauen sind verunsichert und haben Angst davor, ein krankes Kind zu bekommen. Das Vertrauen in die eigenen, gesunden Körperkräfte während der Schwangerschaft und der Geburt wird gestört oder geht ganz verloren. Die Frauen vertrauen dann nicht mehr sich selbst, dass sie gesund sind und selbstständig gebären können, sondern verlassen sich auf Handlungen von außen. Oft wird heute Periduralanästhesie gemacht, eine örtliche Betäubung im Periduralraum in der Wirbelsäule, die den Schmerz bei der Entbindung ausschalten soll. Jedes unnötige Nachgeben gegenüber der Apparatemedizin ist ein Kapitulieren, das unsere Abwehrkraft und unser Selbstvertrauen schwächt – für heute ist das vielleicht bequem, aber für morgen? Die medizinische Entwicklung geht immer mehr in Richtung Abhängigkeit von ärztlicher und pharmazeutischer Unterstützung, und der Mensch entwickelt sich immer weiter weg von seinen eigenen Heilungskräften und von seiner Vertrauensfähigkeit in sich und seine Heilungskräfte. Und beim Kaiserschnitt ist klar, dass der Profit für die Ärzte deutlich höher ist als bei einer normalen Geburt, die Frauen dafür einem höheren Operationsrisiko ausgesetzt sind.

Ich habe aber auch noch einen weiteren Kritikpunkt. Ich glaube, dass sich das Leben bei Männern und Frauen ab dem vierzigsten Lebensjahr gewaltig ändert und es zu sexuellen Umwälzungen kommt. Der Glaube an unsere Vitalität, an die eigene sexuelle Kraft wird in Frage gestellt. Mann und Frau erleben das jeweils an ihren sexuellen Empfindungsorganen, dass sie sich nicht mehr so potent wie früher fühlen. Das Abnehmen der Vitalität geht auch einher mit dem Abnehmen der Fähigkeit des Körpers, Fremdstoffe (sprich unpassende Ernährung) zu verarbeiten und der Verlangsamung des Stoffwechselprozesses sowie dem Altern der Entgiftungsorgane wie Leber und Nieren. Da bilden sich schnell Rückstände im Körper, die wir durch bessere, angepasste Ernährung vermeiden und auflösen können. Da werden den Frauen heute aber oft große Ängste eingejagt, dass sie schnell fürchten, es handele sich gleich um Metastasen oder Krebs. In vielen Fällen wird dann eine Behandlung oder Bestrahlung vorgeschlagen für Abweichungen, die durch bessere Ernährung und Lebensumstellung auf sanfte, angstfreie Weise korrigiert werden könnten. Die konventionelle Therapie bringt die Schnelligkeit der Krankheitsentwicklung als Gegenargument, wobei viele Patienten schnell in eine endlose Schleife von Arztbesuchen, Diagnosen und Behandlungen geraten. Natürlich können wir mit Tumoren im Körper nicht einfach so weiterleben. Es geht aber um die Methode, wie wir diesen Tumor entfernen. Manchmal ist der schnelle aggressive Weg notwendig, dafür sind wir der modernen Medizin dankbar, oft ist der sanftere Weg sinnvoller, dafür sind wir den natürlichen Heilungswegen dankbar.

Dann noch einige Worte zum Thema Allergien. Hier werde ich das Gefühl nicht los, dass die Naturwissenschaft und die Menschen, die unter ihrem Einfluss stehen, höchst irrational sind. Wenn die medizinische Umgangsweise mit dem Thema Allergien sich nicht radikal verändert, werden wir im Westen bald hoffnungslos überempfindlich in einer höchst verängstigten Weise mit der Welt umgehen, die vor einigen Jahrhunderten anfing, sich radikal zu verändern. Meines Erachtens handelt es sich hier um eine hysterische Reaktion, ausgelöst dadurch, dass der Körper als ein Mikroorganismus im ständigen Kampf mit dem Makroorganismus (der Welt, in der wir leben) gesehen wird. Es ist ein Stück Fatalismus, sich zum Beispiel als allergisch gegen viele gesunde Nahrungsmittel zu bezeichnen und sie alle zu vermeiden, anstatt sich zu fragen, warum die Verdauungskraft des Körpers nachgelassen hat, und ernsthaft daran zu arbeiten, die eigenen Widerstandskräfte zu stärken.

Anteilnehmen an der Atmung – Übung nach R. Sriram

Achtsamkeit ist die einzige Lösung gegen Zerstreutheit, sie ist aber nicht gleichzusetzen mit disziplinierter Konzentration. Sie ist die interessierte Anteilnahme an der Aufgabe, die vor uns liegt. Wer diese Übungen mit Achtsamkeit durchführt, wird auf jeden Fall zur stillen Konzentration gelangen. Die Atmung ist mehr als ein Luftaustausch, der den Körper vom Kohlendioxid befreit und ihm neuen Sauerstoff zuführt. Sie ist das Symbol schlechthin für das unermesslich komplexe Uhrwerk, das unser Körpersystem antreibt. Durch diese Tatsache verdient sie unsere Achtung und Bewunderung. Ihre Wesenhaftigkeit fordert uns auf, sie liebevoll zu behandeln. Die folgende Sequenz zeigt, wie wir den Atem achtsam und mit etwas mehr Gefühl behandeln können.

- Rückenlage, gegebenenfalls Kopf und Nacken auf einer Decke, Beine ausgestreckt, Hände jeweils auf Bauch und Brustkorb. Halten Sie die Augen am besten geschlossen. Lassen Sie den Atem ruhig durch die Nase fließen. Spüren Sie zunächst das Heben des Brust- und Bauchraumes bei der Einatmung. Atmen Sie sehr langsam aus und lassen Sie dabei den Bauch allmählich sinken, zum Ende der Ausatmung lassen Sie auch den Brustraum sinken. Spüren Sie die Stille, dann visualisieren Sie den Beginn der Einatmung, bevor Sie die Luft langsam hineinströmen lassen. Dabei lassen Sie den Brust- und Bauchraum sich heben. Spüren Sie die Atemfülle. Dann visualisieren Sie den Beginn der Ausatmung, bevor Sie die Luft wieder langsam hinausströmen lassen. Wiederholen Sie dies 10-mal.
- Setzen Sie sich mit aufrechtem Rücken auf einen Stuhl, heben und bewegen Sie die Arme seitlich, während Sie langsam auf folgende Weise ein- und ausatmen: Halten Sie inne und visualisieren Sie zunächst den Beginn der Einatmung.

Beginnen Sie dann einzuatmen, bevor Sie damit anfangen, einen Arm zu heben, so dass sich die Armbewegung in das Einatmen hineinfügt. Warten Sie am Ende der Bewegung das Ende des Einatemgeschehens ab, indem Sie die Bauchdecke sich entspannt wölben lassen. Halten Sie zwei Sekunden inne. Visualisieren Sie zunächst den Beginn der Ausatmung. Beginnen Sie dann auszuatmen, bevor Sie damit anfangen, den Arm zu senken, so dass sich die Armbewegung in das Ausatmen hineinfügt. Atmen Sie vollständig aus, so dass sich die Bauchdecke nach innen bewegt. Halten Sie zwei Sekunden inne. Wiederholen Sie den Ablauf mit dem anderen Arm. 5-mal jeweils abwechselnd mit einem Arm.

- Wiederholen Sie die vorige Übung, diesmal mit beiden Armen gleichzeitig 10-mal.
- Legen Sie die beiden Handkanten an die Nasenflügel mit den Handflächen jeweils über den Augenhöhlen. Das Kinn hebend, atmen Sie sehr langsam ein. Fühlen Sie achtsam während des gesamten Einatmens die Luft durch die Nase strömen. Legen Sie die Hände aufeinander über dem Bauch. Das Kinn senkend, atmen Sie langsam aus. Fühlen Sie achtsam während des gesamten Ausatmens die Bewegung der Bauchdecke, bis die Ausatmung vollständig zu Ende gegangen ist. Wiederholen Sie diese Übung 10-mal.

Entspannen Sie sich ein paar Minuten.

Heilung im Hier und Jetzt

Es gibt wohl nichts, was tiefere Heilung in uns erzeugen kann, als die vollständige Präsenz im gegenwärtigen Moment. In dem Moment, in dem wir aufhören, verpassten Gelegenheiten aus der Vergangenheit nachzutrauern oder Hoffnungen und Ängste in die Zukunft zu projizieren, sind wir in der Präsenz des gegenwärtigen Momentes aufgehoben, in der es weder Raum noch Zeit, keinen Mangel und kein Leid gibt. Wenn es uns gelingt, uns vollständig für diesen Moment zu öffnen, dann erkennen wir, dass wir viel mehr sind als unser Körper, unsere Emotionen, unser Charakter und vor allen Dingen unsere Gedanken, die den ganzen Tag um Vergangenheit und Zukunft kreisen und uns im schlimmsten Fall auch krank machen können.

Viele Menschen, denen es entweder zufällig oder bewusst möglich geworden ist, vollkommen in die Präsenz des gegenwärtigen Momentes einzutauchen, haben durch diese Erfahrung der raum- und zeitlosen Präsenz des gegenwärtigen Augenblickes tiefe Heilung erfahren. Es ist eine Erfahrung der Non-Dualität, die auch als Gewahrsein oder als eine Erfahrung unserer eigenen Wesensnatur beschrieben wird. Sie ist jenseits jeglicher Identifikationen mit dem eigenen Ego, der eigenen Biografie oder der eigenen Kultur und mündet in ein bedingungsloses Sein.

Durch eine solche Erfahrung können wir uns immer mehr von unseren Gedanken, unseren Anhaftungen, Vorlieben und Abneigungen lösen. Denn gerade die sind es, die großes Leid erzeugen beziehungsweise tiefe Heilung verhindern. Eine solche Erfahrung wird häufig als eine Art Heimkehr beschrieben, da sie mit einem oftmals tiefen Gefühl des Friedens einhergeht. Das Heilvolle an dieser Erfahrung besteht für viele Menschen in der Tatsache, dass diese Erfahrung in ihrem tiefsten Innern geschieht und unabhängig von äußeren Umständen ist. Für sie ist deutlich geworden, dass wir nichts erreichen oder tun müssen. Alles ist da, vollkommen in uns selbst vorhanden.

Eckhart Tolle

Tiefen inneren Frieden finden

Unsere Gedanken können uns heilen, aber auch krank machen. Oft sind wir so stark mit ihnen identifiziert, dass sie uns beherrschen und uns zutiefst plagen. Dann werden wir von inneren Dialogen, zahllosen Wünschen, unerfüllbaren Forderungen oder destruktiven Bewertungen gequält, dass wir nicht zur Ruhe kommen und zu unserer eigentlichen Identität finden. Unsere eigentliche Identität ist – so Eckhart Tolle – unendlich tiefer Friede, gepaart mit natürlicher Intelligenz. Eckhart Tolle weiß, wovon er spricht. Mit 29 Jahren erlebte der gebürtige Deutsche, der heute zusammen mit seiner koreanischen Lebensgefährtin in Vancouver lebt, eine tief greifende spirituelle Erfahrung, die ihn von der Qual seiner destruktiven Gedanken und seines Ego befreite. Vor gut 30 Jahren verschwand in einer einzigen Nacht sein mit der Vergangenheit identifiziertes Ich und ein tiefer, nicht enden wollender Friede, gepaart mit Wachsamkeit und Humor trat an dessen Stelle. Die darauf folgenden Jahre verbrachte Eckhart Tolle zunächst mit der Integration dieser Erfahrung, bevor er seine Erkenntnisse in dem Buch *Jetzt. Die Kraft der Gegenwart* beschrieb und dadurch zu einem bekannten spirituellen Lehrer wurde.

Ihre Botschaft lautet, dass die Möglichkeit zur Beendigung des eigenen Leids und der Erlangung vollkommener Erfüllung nur im gegenwärtigen Moment möglich ist. Theoretisch hört es sich einfach an, aber wie kann ein Familienvater mit vier Kindern, einem anstrengenden Beruf und hohen Fixkosten im Jetzt entspannen?

Eckhart Tolle: Es hat schon immer Menschen gegeben, die wahrscheinlich eher zufällig realisierten, dass ein Leben frei von Leiden möglich ist. Auch heute noch kommen Menschen nicht nur durch spirituelle Lehren, sondern eher zufällig mit diesem Wissen in Kontakt. Meistens geschieht dies in Lebenssituationen, die von außen betrachtet unerträglich erscheinen. Sie haben das Beispiel des Familienvaters genannt. Es gibt aber noch weit schlimmere Situationen als diese, zum Beispiel Menschen, die im Gefängnis eingesperrt sind oder an einer unheilbaren Krankheit leiden und nicht wissen, wie lange sie noch leben werden. In einer solchen Situation, in der man scheinbar nicht länger mit dem eigenen körperlichen oder seelischen Schmerz leben kann, ist die Chance für spirituelle Transformation besonders groß. Das Leid, welches ein Mensch in einer solchen Situation empfindet, liegt aber nicht an dem Lebensumstand selbst, sondern daran, dass er den gegenwärtigen Moment, so wie er ist, nicht annehmen will, deshalb vor ihm wegläuft oder ihm inneren Widerstand entgegensetzt. Ich möchte näher erklären, warum dieser innere Widerstand auftaucht. Menschen beginnen bereits als Kleinkinder, sich mit bestimmten Gedankenstrukturen und -formen zu identifizieren. Die erste Identifizierung ist der Name, dann der Besitz wie zum Beispiel »mein Spielzeug«. Dabei ist das Spielzeug selbst nicht entscheidend, sondern der Gedanke »mein« Spielzeug. Das heißt, Kinder fangen an, sich mit dem gegenständlichen Bewusstsein zu identifizieren. Darüber hinaus nimmt das Kind noch viele weitere Identifikationen aus der eigenen Kultur auf. Es wird durch seine Eltern, Lehrer und die Gesellschaft konditioniert und identifiziert sich im Laufe seines Lebens meist vollständig mit gesellschaftlichen Rollen. Diese Rollen – als Mutter, Vater, nicht gut genug, arbeitslos, erfolgreich – hält es für seine wahre Identität, ohne zu erkennen, dass es sich dabei lediglich um Gedankenformen handelt. Jede Rolle ist nur eine Gedankenform. Die meisten Menschen sind mit diesem Selbst, das aus den Gedankenformen entstanden ist, vollständig identifiziert. Sie kennen den Teil, der über dieses Selbst als »Ich als meine Rolle« hinausgeht, gar nicht. Dieses begrenzte Bewusstsein beinhaltet ein tiefes Gefühl von »noch nicht genug haben« und »noch nicht vollkommen sein«, und das Gefühl, für die eigene Vollkommenheit noch etwas zu benötigen. Darum versuchen Menschen alle möglichen Dinge anzuhäufen, um mehr sie selbst zu sein und vollkommener zu werden.

Der Mensch ist mit sich selbst und seiner eigenen vergangenen Geschichte unzufrieden. Kommt es zu einer Befriedung – zum Beispiel, wenn man verliebt ist –, dann ist sie kurzlebig. Es entsteht das Gefühl, dass ich erst durch die Person, in die ich mich verliebt habe, vollkommen werde. Nach einiger Zeit stellt sich aber heraus, dass dieses Gefühl eine Illusion war. Dann entsteht erneut der Glaube, einen anderen Menschen zu brauchen, der einem in der Zukunft begegnen könnte und einem das Gefühl der Vollkommenheit vermitteln wird. Dieses Selbst, das aus den Gedankenformen entstanden ist, lehnt den gegenwärtigen Moment ab, denn es ist nur an der Vergangenheit und der Zukunft interessiert. Dadurch ist der Mensch verdammt – es herrscht ein permanenter Zustand der Unzufriedenheit: bei dem Familienvater mit seinen vier Kindern, dem Gefangenen oder bei dem erfolgreichen Geschäftsmann, der kurz vor einem Herzinfarkt steht. Jeder kämpft auf die eine oder andere Art und Weise. Und es hat nichts damit zu tun, ob man viel oder wenig Geld hat. Die Unzufriedenheit und das Unglück werden in die eigene, persönliche Identifikation integriert. Das durch die Gedanken kreierte Selbst ist nicht am Jetzt interessiert, weil die Wahrnehmung dieses Selbst, des Ego, auf der Vergangenheit basiert. Es betrachtet das Jetzt als Hindernis auf dem Weg, wo es eigentlich hin will: in die Zukunft. Irgendeine Situation in der Zukunft, in der »ich mehr ich selbst sein kann«.

Wenn ich eine anscheinend aussichtslose Situation annehme – wie zum Beispiel eine unheilbare Krankheit – kommt das nicht einer Resignation gleich?

E. T.: Viele Menschen sehen in dem *Jetzt,* in dem gegenwärtigen Moment, nur einen Stolperstein. Sie glauben, dass sie in einem zukünftigen Moment glücklicher sein werden als im *Jetzt* Dabei handelt es sich bei der Zukunft nur um eine Gedankenform, denn keiner hat die Zukunft jemals getroffen. Wenn sie kommt, dann ist sie wieder der gegenwärtige Moment. Aber das realisieren die meisten Menschen nicht, egal in welchen Lebensumständen sie sich befinden. Das Eigenartige ist: Je schlimmer die Lebensumstände, desto größer die potenzielle Chance der Bewusstseinstransformation. In Situationen, die scheinbar aussichtslos sind wie zum Beispiel bei einer schweren körperlichen Behinderung, Krankheit oder bei einem tief greifenden Verlust, verstärkt sich zunächst der normale Widerstand gegen den gegenwärtigen Moment – und somit das Leid – um ein Vielfaches. Das *Jetzt* wird fast unerträglich. Es innerlich zuzulassen, das »So-Sein« des Jetzt zu akzeptieren, scheint unmöglich und sinnlos. Doch dann, wenn der Mensch die Last des »leidenden Selbst« nicht mehr tragen kann, kann es geschehen, dass plötzlich innerlich etwas kippt. Das tief verwurzelte Nein zum gegenwärtigen Moment löst sich auf und damit auch das leidende Selbst. Und wenn das Jetzt, so wie es ist, zugelassen wird, dann öffnet sich die Tür zu einem tiefen inneren Frieden und einer Intelligenz, die jenseits des Denkens liegt. In diesem Bewusstseins-»Shift« wird das falsche Selbst, das aus Gedankenformen besteht, als Illusion – eine Art Traumbild – erkannt. Wenn ich den gegenwärtigen Moment vollkommen annehme, nimmt das *Jetzt,* das nichts anderes als das Leben selbst ist, auch mich vollkommen an. Manchmal ändert sich dann auch die äußere, scheinbar schwierige Situation wie von selbst. Dinge, die man schon fast als Wunder bezeichnen könnte, geschehen. Manchmal geschehen sie spontan aus der Person selbst heraus. Etwas, was du vorher nie hättest tun können – und plötzlich weißt du ganz genau, was zu tun ist. Oder es sind äußere Umstände, die sich wie von selbst plötzlich ändern. Wenn man mit dem Bewusstsein des gegenwärtigen

Momentes verbunden ist, realisiert man, dass der gegenwärtige Moment, das *Jetzt,* immer der gleiche ist und sich nur die Form des Momentes ändert. Es ist nicht der gegenwärtige Moment, der uns unglücklich macht, sondern der Widerstand, mit dem wir dem *Jetzt* begegnen. Der Widerstand dem *Jetzt* gegenüber sind die Gedankenformen, die das *Jetzt* ablehnen, es kritisieren, sich darüber beschweren, die damit unglücklich sind, und die Emotionen, die damit einhergehen, wenn wir es beurteilen. Im *Jetzt* selbst ist nichts gut oder schlecht, aber unsere Gedanken machen es dazu. Der jetzige Moment ist, wie er ist. Je mehr ein Mensch versucht, aus einer Situation herauszukommen, desto tiefer muss das bedingungslose Ja dazu sein. In einigen sehr extremen Lebenssituationen ist ein einziges Ja genug, um eine tiefe Transformation mit sich zu bringen. Die Veränderung des Bewusstseins findet im *Jetzt* statt. Es vollzieht sich ein Bewusstseins-»Shift«, in dem plötzlich realisiert wird, dass es entscheidend ist, mit dem gegenwärtigen Moment zu leben. Für einige Zeit sind manche Menschen dann in diesem Zustand des *Jetzt,* und das Leben fällt ihnen wesentlich leichter. Dann fallen sie wieder in das Nein zurück. Dann geht es vor und zurück. Aber das neue Bewusstsein entsteht trotzdem.

Wenn ein Mensch einmal mit diesem Ja und der tiefen Qualität von Frieden in Kontakt gekommen ist, wie kann er dann in dieses Nein zurückfallen?

E. T.: Das Nein ist seit vielen Jahrtausenden tief im kollektiven menschlichen Bewusstsein verankert. In einem bestimmten Moment kommt es dann zurück wie eine Welle, eine Bewegung des mentalen und emotionalen Neins, die noch sehr viel Kraft besitzt. *Jetzt* entsteht offensichtlich ein globales, neues Bewusstsein. Noch fallen die Menschen immer wieder in das alte Bewusstsein zurück, und dann wechseln sie wieder in das neue Bewusstsein. Aber wenn das neue Bewusstsein einmal aufgetaucht ist, gibt es kein Zurück mehr. Es kann zwar zeitweilig verschwinden, aber es kommt immer wieder zurück. Der ganze evolutionäre, unpersönliche Impuls des Universums bewegt sich in diese Richtung, dahin, wo ein größeres Bewusstsein herrscht und sich durch den Menschen äußert. Es ist der Sinn des menschlichen Lebens, dorthin zu gelangen und darin zu leben.

Es gibt Menschen, die Angst haben, den Verstand zu verlieren, wenn sie sich dem Jetzt ganz hingeben und ihren Verstand loslassen. Wie kann diese Angst überwunden werden?

E. T.: Niemand wird seinen Verstand verlieren, wenn er sich dem *Jetzt* hingibt. Das Wundervolle am transformierten Bewusstsein ist, dass man den Verstand immer noch sehr gut verwenden kann. Man benutzt den Verstand in den Momenten, in denen es notwendig ist. Normalerweise denken wir nicht, sondern die Gedanken denken uns. Im *Jetzt* hingegen wird man nicht länger vom Verstand beherrscht, nicht mehr vom Verstand benutzt.

Was passiert noch im Jetzt?

E. T.: Das vom Verstand kreierte Selbst verschwindet in diesem Zustand. Die Vergangenheit ist zwar noch da, man erinnert sich an sie, aber man identifiziert sich nicht mehr mit ihr. Die Identität, die dann auftaucht, stammt von einem viel tieferen Ort, einem Gefühl des Seins, einem Gefühl der Lebendigkeit, einem Gefühl des vollkommenen Friedens, das hier im *Jetzt* ist. Das ist untrennbar von dem, was wir sind. Du bist DAS. Man könnte auch sagen: Du bist das *Jetzt*, das Bewusstseinsfeld, in dem alles passiert. Aber wir sind nicht das, was passiert. Das kommt und geht. Wir sind nicht die Gedanken und Emotionen, die kommen und gehen, sondern die Ruhe, der Raum, in dem es passiert. Und in dem Moment, in dem man sich erlaubt, das *Jetzt* zu sein, wie es ist, ist diese Weite, dieses unendliche Bewusstsein, plötzlich da. Denn alles, was passiert, passiert in dieser Weite.

Sie sagen, dass spirituelle Transformation für Menschen in schwierigen Lebenssituationen leichter ist. Sind zum Beispiel die Menschen in Afghanistan, die tagtäglich viel Leid erfahren, der Erleuchtung näher als der durchschnittliche spirituell Suchende, der ausgeschlafen und nach einem ausgiebigen Frühstück in Ihr Seminar kommt?

E. T.: Es gibt viele verschiedene Formen von Leiden. Es gibt in unserer sogenannten fortschrittlichen Welt unter der glänzenden Oberfläche des glitzernden, schillernden Lebens genauso viel Leid wie in sogenannten Entwicklungsländern oder Kriegsgebieten. Der einzige Unterschied ist die Ausdrucksform des Leidens. Jeder hat seine eigene Lebenssituation, die sein Lehrer ist. Wenn Sie durch Indien reisen, dann können Sie zum Beispiel einen Bettler sehen, dem ein Arm fehlt und der sehr darunter leidet. Danach begegnen Sie einem Bettler, der weder Arme noch Beine hat und sich kaum bewegen kann. Aber er lächelt Sie an und aus seinen Augen erstrahlt ein Licht, und Sie können sehen, dass die Transformation durch dieses Leiden passiert ist. Ich habe Menschen getroffen, die im Rollstuhl saßen oder unheilbare Krankheiten wie Krebs hatten, und trotzdem war kein Funke von Unglück in Ihnen zu sehen, sondern sie wirkten lebendig, sie blühten. Gelegentlich sieht man auch alte Menschen, die dem Tod nahe sind, und es strahlt ein Licht aus ihren Augen, wenn sie in den Zustand kommen, in dem kein Widerstand mehr herrscht. Sie sind mit ihren Gedanken nicht permanent in der Zukunft, weil sie wissen, dass nicht mehr viel Zukunft bleibt.

Wie komme ich dem Jetzt am nächsten?

E. T.: Man kommt dem neuen Bewusstsein näher, in dem man sagt: »Das neue Bewusstsein ist schon hier.« Sagen Sie nicht:

»Ich muss es erst noch erreichen.« Für die Änderung des Bewusstseins braucht man keine Zeit. Dieser Gedanke ist das größte Hindernis. Das heißt, Sie brauchen nirgendwo hinzugehen. Sie brauchen nur vollkommen Ja zum gegenwärtigen Moment, zum *Jetzt*, zu sagen.

Annette Kaiser

Endlich normal – heil sein!

Momentan befinden wir uns in einer Zeit der Umwälzung. Der Klimawandel, Kriege und Terrorismus zwingen uns dazu, uns bewusst zu werden, dass jeder Mensch Teil des Ganzen ist und mitverantwortlich für die momentane Situation, egal ob in ihrer wirtschaftlichen, politischen, ökologischen oder sozialen Dimension. Ein globaler Wandel ist vonnöten, damit die Welt nicht noch kränker wird. Mittlerweile geht es nicht mehr nur um den Wachstums- und Heilungsprozess des einzelnen Menschen, sondern wir müssen uns als Weltbürger verstehen, die aus einem globalen Bewusstsein heraus für das Heil und das Wohl aller Wesen handeln. Das bedeutet auch, sowohl auf der individuellen als auch auf der globalen Ebene Abgespaltenes zu akzeptieren, zu integrieren und verborgene Schätze zu erkennen, zum Beispiel den, dass die ganze Welt in uns ist. Zu wissen, dass wir ein Teil des Ganzen sind, um dann aus einer kollektiven Weisheit schöpfend diesen globalen Heilungsprozess zu unterstützen, ist auch das Verständnis Annette Kaisers, spirituelle Lehrerin, Autorin und T'ai Ji- und Qigong-Lehrerin. Das besondere Anliegen der Schweizerin ist eine transkonfessionelle integrale Spiritualität, die ein offenes, waches Da-Sein als natürlichen Ausdruck einer integralen Lebensweise meint. Denn nur dann können wir Heilung, in einem globalen Sinne erfahren, und nur dann werden wir endlich »normale« Menschen.

Was verstehen Sie unter Heilung im Sinne integraler Spiritualität?

Annette Kaiser: In der integralen Spiritualität geht es um ein inneres Heilwerden, ein Ganzwerden von etwas, was nie geteilt war. Es bedeutet, einen Weg der inneren Selbstverwirklichung zu gehen. Auf der psychologischen und spirituellen Ebene durchlaufen wir den Prozess des Seperatio und des Conjunctio Oppositorum. Hier bedeutet Conjunctio Oppositorum die Versöhnung von hell und dunkel, oben und unten, links und rechts. Es bedeutet, Abgespaltenes zu akzeptieren, zu integrieren und verborgene Schätze zu erkennen, bis hin zu der Erkenntnis, dass die ganze Welt in uns ist. Dabei wird im Tiefsten verstanden, dass es so etwas wie einen innersten Kern gibt, der immer war, ist und sein wird – und der ist unverletzlich, heil. Wird dies erfahren, geschieht wirkliche Heilung. Die Quantenpsychologie spricht davon, dass wir im Laufe des Erwachsenwerdens ein Selbstverständnis aufgebaut haben, das sich um einen falschen Kern herum gebildet hat. Jeder Mensch hat aber im tiefsten Inneren ein ganz klares Empfinden für die Ganzheit, für das So-Sein. Wir müssen uns nur erinnern, wer wir wirklich sind. Und dieses Sich-Erinnern bedeutet Heilwerden. Dieses So-Sein ist die essenzielle Ebene unseres Daseins. Es ist nicht die Ebene, die durch unsere Sinne wahrgenommen wird, auf der wir das Ich und Du als etwas Getrenntes erleben. Denn wenn wir tiefer schauen, erkennen wir, dass das Ich und Du nicht zwei sind. Integrale Spiritualität bedeutet, dass wir bei uns selbst beginnen. Es ist die Erfahrung des Nichts-Alles. Ken Wilber bezeichnet diese innere Schau als Gipfelerfahrung, die dann in alle wichtigen Daseinsebenen des Menschen zu integrieren ist. Das braucht Zeit und ist vermutlich ein Prozess, der bis ans Lebensende geht. Das bedeutet, die verschiedenen Dimensionen unseres Menschseins so zu kultivieren, dass wir heiter und gelassen das Leben tanzen. Dabei gilt es vor allem, die Licht- und Schattenseiten in uns zu würdigen. Es bedeutet auch, den »Mind« so zu verstehen, dass wir ihn als Werkzeug einsetzen, und ihn auch gleichzeitig zu verfeinern und nicht dessen Sklave sind. Auf der seelischen Ebene bedeutet es, ganz wir selbst zu sein, unseren ureigenen Klang zum Klingen zu bringen, als Teil zum Ganzen beizutragen. Es bedeutet, zu verstehen, was wirklich ist. Und weiter bedeutet es, dass wir in ein non-duales Verständnis hineinschwingen. Es gibt nichts als das Nichts-Alles. Da wir aber soziale Wesen sind, gilt es, verschiedene Herzqualitäten zu entwickeln, die im gemeinsamen Miteinander wichtig sind, wie beispielsweise Toleranz und Respekt, Freundlichkeit, eine Kommunikation, die gewaltfrei ist, Achtsamkeit und Offenheit. Im Zentrum aller Herzensqualitäten steht die Liebe, die wir in unserer Essenz sind. Es bedeutet insgesamt, eine neue Kultur in allen Lebensbereichen zu entwickeln, nicht nur unter uns Menschen, sondern auch da, wo wir begreifen, dass wir Menschen ein Teil der Natur, ein Teil des Kosmos sind, und uns dann in eine Harmonie mit dem Ganzen einschwingen. Denn wenn ganz tief erkannt wird, was wir wirklich sind, ist der Geist so weit, das darin die ganze Welt, der ganze Kosmos, enthalten ist. Also es bedeutet eine tief greifende und radikale Veränderung unserer Lebensweise.

Wann genau passiert diese Trennung, von der Sie sprechen?

A. K.: Stephen Wolinsky, ein Quantenpsychologe, hat dieses Gebiet sehr genau ausgeleuchtet. Er schreibt, dass der Mensch nach der Geburt einen Schock erfährt. Der Mensch wird mit einem Wissen von Ganz-Sein geboren. Aber durch das Hineingeborenwerden in die polare Welt der Form, erlebt er Trennung, zum Beispiel das Getrenntsein von der Mutter. Für das Neugeborene ist es nicht verständlich, was da geschieht. Und es versucht, den Trennungsschock bereits zwischen dem 5. und 12. Monat unbewusst zu deuten. Daraus entstehen tief liegende Glaubenssätze wie: »Ich genüge nicht«, »Ich bin nicht liebenswert«, »Ich bin alleine, abgetrennt.« Wolinksy bezeichnet dies als falschen Kern. Wenn ich zum Beispiel folgenden Glaubenssatz habe: »Ich genüge nicht«, dann entwickelt sich daraus eine kompensatorische Dynamik, die als falsches Selbst bezeichnet wird. Diese Dynamik bringt den Menschen dazu, alles zu tun, um zu genügen. Und die Rechnung geht natürlich nie auf. Der vermeintliche Mangel, zum Beispiel nicht zu genügen, kann nicht auf dieser Ebene beseitigt werden, denn innerer Friede, Stille, ganz sein, was wir sind, kann niemals erreicht werden. Erst wenn wir die essenzielle Ebene unseres Daseins erfahren, erkennen wir unseren wahren Kern: Nichts-Alles, So-Sein. Gleichzeitig können wir auch feststellen, dass aus dieser kompensatorischen Dynamik heraus Kernkompetenzen entstehen können. Denn dort, wo viel Lebensenergie hineinfließt, können auch gewisse Fertigkeiten entstehen.

Ist der Mensch nicht mehr verletzbar, wenn er mit dem essenziellen Sein in Kontakt kommt?

A. K.: Ja und nein! Man sagt, das ein Mystiker offen und verletzlich ist. Als Mensch kann er tiefe Trauer spüren, wenn jemand stirbt, der ihm sehr nahesteht. Als Mystiker weiß er gleichzeitig, dass niemand geboren wird noch stirbt. Und dies ermöglicht ihm, mit der Trauer nicht identifiziert zu sein. Aber er fühlt die Trauer. Psychologisch verletzbar sind wir, wenn wir die Dinge persönlich nehmen. Dadurch entsteht Leiden. Im Sein ist niemand da, und gleichzeitig kann Trauer empfunden werden.

Meine Frage zielt eigentlich eher darauf ab, wie ein Mensch, der krank ist und eine Erfahrung des essenziellen Seins gemacht hat, mit seiner Krankheit umgeht. Ist Heilung für ihn einfacher?

A. K.: Im Sein selbst wirkt eine universelle Intelligenz, die heilend ist. Im Sein, wo wir Frieden, ja Glückseligkeit erfahren, wird unser Immunsystem gestärkt. Das ist logisch, denn wenn wir uns weniger sorgen, weniger Druck, weniger Angst haben, steht mehr Lebensenergie frei zur Verfügung. Im Präsent-Sein, So-Sein, leuchtet allmählich der ganze Körper, wird mit einbezogen und kann frei schwingen. Das heißt aber nicht, dass wenn wir ganz präsent sind, wir nicht krank werden können oder dass keine Disharmonie im Körper entstehen kann. Aber wenn wir krank werden, dann können wir es eher spüren, weil wir mit allen Daseinsebenen in uns verbunden sind. Aus der Erfahrung des So-Seins ist es auch leichter anzunehmen, was ist, und nicht in einen Widerstand zu geraten. Widerstand verursacht Leiden und ein zusätzliches Zusammenziehen im Körper. Aus dem Sein heraus sind wir mit dem Körper weniger identifiziert und fühlen uns dadurch nicht mehr so bedroht, auch wenn ein Teil im Körper erkrankt. Dann können die Selbstheilungskräfte ungehindert wirken.

Das bedeutet dann in erster Linie ein Annehmen dessen, was ist?

A. K.: Ja. Und diese Annahme hat viel mit Hingabe und Liebe zu tun. Wir müssen Dinge nicht fatalistisch annehmen. Geschieht etwas, so können wir die Situation verändern oder uns aus der Situation lösen. Wenn wir ernsthaft krank werden, ist beides oft nicht möglich. Und deshalb geht es darum, anzunehmen, was ist. Es ist der erste Schritt zur Heilung.

Was spielt bei der integralen Spiritualität in Bezug auf Heilung noch eine Rolle?

A. K.: Wir haben als Menschheit die gleiche Evolution des Bewusstseins durchlaufen, die wir auch als Kind durchlaufen, bis wir erwachsen sind. Dabei handelt es sich um folgende Bewusstseinsebenen: das archaische Bewusstsein, das magische Bewusstsein, das mythologische Bewusstsein und das rationale Bewusstsein. Die Bewusstseinsebenen können sich aber noch weiter in das pluralistische Bewusstsein und integrale Bewusstsein (Ken Wilber) entfalten. Wenn wir von inneren mystischen Erfahrungen sprechen, dann sprechen wir von Bewusstseinszuständen: Alle Menschen kennen die Bewusstseinszustände von Tagesbewusstsein, Traumbewusstsein und von Tiefschlaf. Durch innere Wege wie zum Beispiel Meditation erfahren wir noch weitere Bewusstseinszustände, die als Unio Mystica in dreifacher Weise beschrieben werden kann. Die Unio Mystica kann im Alleinsein, beispielsweise in der Natur, erfahren werden, dann in einem subtileren Rahmen als Einssein von Innerem Geliebten und Geliebter und als Urgrund, in einem kausalen Verständnis, in dem es keine Form mehr gibt. Im non-dualen Verständnis gibt es nur DAS, weder getrennt noch vereint. Für die Heilung bedeutet das aus Sicht der integralen Spiritualität, dieses Ganzwerden auf einer so tiefen Ebene zu erfahren, dass es die verschiedenen Bewusstseinsebenen durchdringt. Diese Erfahrung ist so allumfassend, dass wir dann nicht mehr ethnozentristisch oder egozentristisch denken können. Dies ist ein großer Schritt. Ken Wilber sagt, dass immer noch 70 Prozent der Menschen im ethnozentrischen Selbstverständnis verankert sind, das heißt, auf eine Ethnie, Nation, Religion und so weiter bezogen. All das, was außerhalb ist, wird als von sich getrennt, fremd oder sogar als feindselig empfunden. Bei der integralen Erfahrung hingegen sind wir Weltbürger, ja kosmisch orientierte Wesen, die in der inneren Schau die Welt und den Kosmos als unteilbares Ganzes erfahren. Das Du und Ich ist Nicht-Zwei. Bewusstes Sein schwingt zwischen Nichts und Alles, durchdrungen von einer Liebe, die sich über die Herzensqualitäten eines Menschen ausdrücken und manifestieren will, so dass die innere Erfahrung und die äußere Welt mehr und mehr zusammenwachsen.

Das klingt so, als würde es gar nicht mehr nur um die persönliche Heilung gehen, sondern um die Heilung der Menschheit, der Welt?

A. K.: Ja. Die persönliche Heilung ist ein erster Schritt. Im zweiten Schritt geht es um das Heilwerden der ganzen Menschheit. Die Menschen befinden sich derzeit in einer Art Neugeburt. Es ist wie ein evolutionärer Schritt, ein Paradigmenwechsel, vergleichbar dem Prozess einer Raupe, die zum Schmetterling wird. Es ist ein bedeutsamer Schritt, und gleichzeitig ist es wichtig zu verstehen, dass in Essenz gar nichts geschieht, da alles leer ist. Das ist paradox. Eckhart Tolle drückt dies so aus, dass die Welt unendlich kostbar ist und gleichzeitig unbedeutend.

Wenn man sich die Geschehnisse der Welt anschaut, könnte man denken, dass wir uns in einer hoffnungslosen Zeit befinden. Aber im Innern bewegt sich sehr viel. Im kollektiven Prozess durchlaufen wir gerade eine Art Conjunctio Oppositorum. Die kollektiven Schatten sind unübersehbar und müssen von uns Menschen erkannt und ins Herz genommen werden. Daraus entsteht vielleicht – so Gott will – eine Art kollektive Unio Mystica, so dass viele Menschen zusammen in einem schwingungsmäßig erhöhten Bewusstseinsfeld verankert sind, im Einssein. Dann kann eine Kultur von bewussten Menschen, eine Kultur des Erwachens entstehen, die sich in Ökonomie, Politik, im Bildungsbereich zum Wohle aller Wesen manifestiert. Wir lernen dabei, dass wir mit Kreativität, ausgerichteter Lebensenergie, absichtslos-absichtsvoll, in Gedanken, Wort und Tat schöpferisch wirken können.

Es klingt, als sollten wir also aufhören, permanent um die eigene Heilwerdung zu kreisen, und stattdessen anfangen, das Ganze im Blick zu halten?

A. K.: Ja. Es geht um das Ganze. Selbst im spirituellen Bereich kann es vorkommen, dass wir steckenbleiben. Ich bezeichne einen Aspekt davon als spirituellen Narzissmus, bei dem wir wie ein Satellit immer um uns selbst kreisen. Selbsterkenntnis bedeutet Transformation, das heißt Selbst-Verwirklichung, die im Ganz-Sein schwingt. Ganz meint Alles-Nichts. In dieser Präsenz, dem So-Sein, geht es nicht mehr um *wollen* oder *müssen*, sondern um eine von innen geführte Lebensweise. Gebote und Verbote sind dabei nicht mehr nötig, da wir in freiwillig angenommener Verantwortung leben. Wir sind selbst-verantwortlich. Das Selbst ist allverbunden. Es bedeutet, dass wir Menschen kollektiv langsam erwachsen werden, heil werden. Wir leben im Einklang mit der höheren Ordnung in Einfachheit und tiefer Liebe. Wir sind dann endlich normal, heil.

Herzübung – nach Annette Kaiser

Wir setzen uns hin, wenden uns ganz nach innen, werden still, betrachten den Atem für einen Moment. Nun wenden wir uns unserem Herzen zu und spüren der Liebe nach, die wir sind. Da ist eine Herzenswärme, einer kleinen Flamme gleich. Wir empfinden diese Zärtlichkeit des Seins, die uns ganz in Liebe hüllt.

Nun erweitern wir unser Herz, so dass auch der ganze Raum, in dem wir sitzen, darin Platz hat, und spüren der Liebe nach, die nun auch diesen ganzen Raum in seinem Herzen empfängt.

Und nun wird das Herz noch weiter, es vermag das ganze Haus, die Nachbarschaft, ja das ganze Dorf oder auch die ganze Stadt in sich zu bergen. Und noch immer spüren wir diese Zärtlichkeit und Liebe für alles Sein.

Nun erweitert sich unser Herz noch mehr, jetzt finden sich darin die ganzen an unseren Lebensraum angrenzenden Regionen, bis ganz Europa sich darin wiederspiegelt, in unserem Herzen voller Liebe.

Und das Herz wird noch weiter. Es vermag nun die ganze Erde in sich zu halten, alle Kontinente und Meere.

Wir sehen diesen wunderschönen, blauen Planeten als Ganzen, wie sich die Erde um die eigene Achse dreht, lautlos schwebend in der Unendlichkeit des Alls.

Nun wird unser Herz so weit, dass sich das ganze Universum darin wiederspiegeln kann – die Weite des Alls – liebend gehalten im Herz der Herzen. Welch zärtliches Dasein.

Allmählich kommen wir zurück ins Hier und Jetzt, spüren die Sitzknochen und den Stuhl oder die Unterlage, auf der wir sitzen.

Beatrice Grimm

Erkennen, dass wir ein Ganzes sind

Der Glaube, dass das Gebet sowohl auf der körperlichen als auch auf der psychischen oder seelischen Ebene zu tiefer Heilung führen kann, zieht sich wie ein roter Faden durch die Weltreligionen. Und auch die Hoffnung von Schwerkranken durch ein Gebet zu gesunden, ist so alt wie die Religionen. Mittlerweile ist auch die Wissenschaft damit beschäftigt, die Wirkung des Betens zu erkunden, und zeigt in Untersuchungen auf, dass Menschen, für deren Genesung gebetet wird, größere Heilerfolge aufweisen als solche, für die nicht gebetet wird. Es gibt zahlreiche Formen des Gebetes, die Heilung unterstützen können. Eine davon ist das sogenannte Körpergebet, das von Beatrice Grimm, Tanz- und Kontemplationslehrerin, die seit vielen Jahren als Assistentin und Co-Lehrerin von Willigis Jäger tätig ist, vermittelt wird.

Was kann unter Körpergebet verstanden werden?

Beatrice Grimm: Mit dem Körpergebet haben wir die Möglichkeit, nicht nur zu beten, sondern ganz Gebet zu werden, ganz Gebet zu sein. Wir könnten auch sagen: Das Körpergebet ist Präsenz in der göttlichen Wirklichkeit, gleichgültig, wo ich bin. Allerdings kann man diese Präsenz nicht machen und nicht denken. Ein Schlüssel dazu ist, in die Körperhaltungen hineinzuspüren, ganz ohne Vorstellung und Konzepte. Nur Präsenz im Hier und Jetzt ist gefragt.

Das Körpergebet beinhaltet Körperhaltungen, in denen ursprünglich auch in unserem Kulturkreis gebetet wurde. Es sind Urgebärden; sie scheinen in uns angelegt zu sein und sind so alt wie die Menschheit selbst. Unser Körper ist in seinen Ausdrucksmöglichkeiten wohl die elementarste Form, in der sich der Mensch mit Gott verbinden kann. So geschieht eine Öffnung zum Absoluten hin, die stärker als alle Worte ist.

Im Laufe der Zeit hat sich in der praktischen Arbeit mit vielen Menschen eine Reihe von 18 Urgebärden herauskristallisiert. Sie sind komplementär aufeinander abgestimmt, wobei jede Gebärde auch einzeln vollzogen werden kann. In der Abfolge dieser Reihe bedeutet dieses Körpergebet gleichzeitig eine große Verneigung, eine Niederwerfung, eine Hingabe an das, was ist. Jede Gebärde hat ihre eigene Geschichte. Sie ist ein eigenständiger Teil und zugleich ein Bestandteil des Ganzen. Man kann sie in Skulpturen, Fresken und Wandmalereien der Frühzeit oder des frühen Mittelalters in unserer abendländischen Kultur finden. Wenn wir uns auf eine Gebärde einlassen können, macht sie etwas mit uns.

Stellt das Körpergebet für Sie einen Weg zur Heilung dar?

B. G.: Natürlich kann man ein Körpergebet nicht so einfach gegen Kopfschmerzen machen, wie man eine Tablette einnimmt. Aber manchmal kommt es vor, dass durch das Körpergebet Kopfschmerzen verschwinden. Herzschlag und Atmung verlangsamen sich, werden natürlich, weit und tief. Innere Ruhe kann erfahren werden. Außenreize werden vermindert. Das Einswerden mit den Gebärden, eine ruhevolle Wachheit setzt offensichtlich Energien frei, die zur Heilung beitragen. Die heilsame Wirkung kommt aus einem ganzheitlichen Raum.

In der praktischen Übung mit dem Körpergebet wird immer wieder Bezug genommen zur Körpermitte und zum Bodenkontakt. Viele Menschen sind sehr kopflastig, haben kalte Füße und einen heißen Kopf. Dabei sollte es umgekehrt sein – der Kopf kühl und die Füße warm. Die Erfahrung, dass sich der Himmel öffnet, wenn wir die Erde berühren, scheint ordnend und heilend zu wirken. Heilsam kann auch die ausgleichende Symmetrie von links und rechts sein. Symmetrische Körperhaltungen können die rechte und linke Gehirnhälfte harmonisieren. Ein weiterer Aspekt ist das Öffnen und Schließen. Nur wenn ich mich schließen kann, kann ich mich auch öffnen. Durch das Körpergebet nehme ich den Raum in mir und um mich herum viel bewusster wahr.

In einer Gruppe von Religionspädagogen, die zu mir kam, um das Körpergebet kennenzulernen, war eine Frau, die ein halbes Jahr zuvor einen Unfall hatte. Trotz intensiver Gymnastik konnte sie einen Arm nicht anheben. Ich riet ihr, sich nur so weit zu bewegen, wie es ihr angenehm sei, außerdem sei es nicht nötig, beim Körpergebet beide Arme zu heben. Wir arbeiteten vor allem an unserer Stabilität, an unserer Mitte. Plötzlich stand diese Frau mit erhobenen Armen im Raum. Sie »machte« es nicht, sondern es geschah ihr, wie sie sagte. Sie konnte auch hinterher noch den Arm heben.

Eine Gebärde »gebären« wir gleichsam von innen nach außen und bleiben gleichzeitig mit dem Innen in Kontakt. Wir sind also mit unserer Aufmerksamkeit gleichzeitig innen und außen. Es ist tröstlich und heilsam zu erfahren, dass das Wesentliche von innen kommt. Wir sind normalerweise sehr auf das Außen fixiert. Daran krankt doch unsere Zeit. Heilsein aber kommt von innen.

Wie können wir erkennen, dass das, was Heilung bringt, in uns zu finden ist?

B. G.: Wenn wir erfahren, dass wir Teil des Ganzen sind, dass wir von nichts getrennt sind und dass alles da ist, was wir brauchen, hat das einen heilenden Effekt. Jedem Menschen liegt ein unzerstörbares Ganzes zugrunde. Und es gilt, damit in Kontakt zu sein. Ich habe vor einiger Zeit eine junge Frau auf ihren Wunsch hin beim Sterben begleitet. Einige Tage vor ihrem Hinübergehen hatten ihre Familie und ich den Eindruck, dass sie ganz heil war. Gesundheit und Heil sind offensichtlich zwei verschiedene Dinge.

Das klingt, als wäre diese Frau von eben diesem Ganzen getragen worden. Gibt es Ihrer Meinung nach etwas, von dem wir getragen werden, was uns unterstützt, Heilung auf einer tiefen Ebene zu erfahren, etwas, das Leben und Tod, Gesundheit und Krankheit übersteigt?

B. G.: Ja, das glaube ich. Ich hatte als kleines Mädchen eine Nahtoderfahrung. Seitdem trage ich ein Wissen in mir, dass wir durchdrungen sind von etwas Unaussprechlichem, Unbeschreibbarem, das auf uns einwirkt, wenn wir uns dafür öffnen können.

Wie kommen wir mit diesem Teil in Kontakt?

B. G.: Jetzt. In diesem Augenblick. In diesem Moment, in dem ich das schreibe. In diesem Moment, in dem Sie diese Zeilen lesen. Ich spüre meine Finger auf der Tastatur, gleichzeitig spüre ich meine Füße und nehme wahr, wie ich in die aufsteigende Dämmerung dieses frühen Morgens eingebettet bin. Es ist immer das Jetzt. Hilfreich sind Übungen, die getragen sind von einer Tradition, weil in ihnen die Erfahrung von Jahrhunderten liegt. Wichtig scheint mir, etwas zu finden, das täglich wiederholbar ist. Wenn wir einen Weg gefunden haben, der uns in unserem Leben unterstützt, ist es hilfreich, dabei zu bleiben und die entsprechende Übung zu vertiefen, auch und gerade wenn Hindernisse auftauchen. Wenn es schwierig wird, ist es gut, eine Lehrerin oder einen Lehrer zu haben, der oder die diesen Weg selbst gegangen ist und geht.

Letztlich geht es um die Wahrnehmung, zum Beispiel im stillen Sitzen, im Gehen, im Tanz und im Körpergebet. Diese Offenheit trägt mich auch in der Natur und vor allem im Kontakt mit Menschen. Gleichzeitig die Mitte spüren und die Verbundenheit mit allem. Wer schaut durch deine Augen? Diese Frage begleitet mich bei allem, was ich tue. Die Achtsamkeit, die ich damit einübe, gibt meinem Leben Tiefe und Sinn.

Heilung bis in den Tod und darüber hinaus

Seit Anbeginn der Menschheit stellen Menschen sich immer wieder die gleichen Fragen: »Was und wer stirbt? Woher kommen wir, wenn wir geboren werden, und wohin gehen wir, nachdem unser Körper gestorben ist? Gibt es eine Seele, die nach dem Tod weiterexistiert, oder ist nach dem Tod alles vorbei?« Die Antworten auf diese Fragen sind so zahlreich wie die Völker und die Kulturen, die im Laufe der Jahrtausende nach Antworten gesucht haben. Mythen und Sagen ranken sich um das Sterben, den Tod und das Leben nach dem Tod, in der Hoffnung, das Unerklärliche erklären zu können. Und auch heute noch, in einem Zeitalter, in dem so vieles erforscht und entdeckt worden ist, gibt es für viele Menschen auf eine der wichtigsten Fragen, die über Leben und Sterben, immer noch keine zufrieden stellende Antwort. Doch woran wir auch glauben oder nicht glauben, der Tod ereilt jeden von uns. Als Betroffene haben wir meist das Gefühl, dass der eigene Tod zu früh kommt, als Hinterbliebene sind wir oft verzweifelt und sprachlos.

Wenn wir uns aber bereits zu Lebzeiten für die eigene Sterblichkeit öffnen und uns des eigenen Todes bewusst werden, sind wir auch in der Lage, unser Leben intensiver zu genießen. Denn wer kann schon mit Sicherheit sagen, wie lange die Zeit ist, die ihm hier auf Erden gegeben ist? Denn eines Tag wird der Tod auch an unsere

Türe klopfen, um uns zu holen. Dann ist es an der Zeit, den eigenen Tod zu sterben. Gelingt es uns, im Tod einen Teil des Lebens zu sehen, der untrennbar zu uns gehört, dann kann dieses Bewusstsein sogar etwas Tröstendes haben. Und es kann uns dazu bringen, dass wir nicht mehr so tun, als wären wir unsterblich. Denn diese Haltung führt meist nur dazu, dass wir unendlich viele Pläne für die Zukunft schmieden und dabei vollkommen vergessen, die Schönheit und Einzigartigkeit des gegenwärtigen Momentes bewusst zu erleben. Genauso befreiend, ja sogar heilsam kann auch die Vorstellung sein, den Tod nicht als etwas Furchtbares, Böses und Dunkles zu mystifizieren, sondern ihn als eine Frucht anzusehen. Dann können wir dem Tod eine gewisse Schwere nehmen und ihn nicht mehr als das Ende des Lebens betrachten, sondern als dessen Vollendung.

In dem Moment, in dem wir den Tod als einen Bestandteil des eigenen Lebens annehmen, verändert sich auch das Leben. Durch die Akzeptanz unserer Sterblichkeit und der Sterblichkeit anderer Menschen können wir nicht nur dem eigenen Tod und dem Tod anderer Menschen, sondern auch dem Leben selbst ganz anders begegnen und beginnen, mehr und mehr in die wunderbare Fülle des gegenwärtigen Momentes einzutauchen. Gelingt uns dies vollständig, dann werden wir auch die Erfahrung machen, dass es auf einer tieferen Ebene gar keinen Tod gibt, sondern dass etwas in uns existiert, das weder geboren wurde, noch sterben wird. Und in dieser Erfahrung findet unendlich tiefe Heilung statt.

Pyar Troll

Ein Kunstwerk abliefern

Warum stirbt ein sympathischer junger Mensch, der von allen geliebt wird, qualvoll an Krebs, und ein Despot, der seine Frau schlägt und im Berufsleben viele Feinde hat, fällt in hohem Alter von einem Moment auf den anderen tot um? Warum ist ein achtjähriges Mädchen aus Bremen anfällig für Schnupfen, Magenverstimmungen und ein Mädchen gleichen Alters aus Mannheim mit einer unverwüstlichen Konstitution ausgestattet? Fragen nach dem Wie und Warum körperlichen Leidens gibt es viele. Wie aber steht es mit den Antworten? Betrachtet man die heutige Esoterik-Szene, dann scheint es auf all diese Fragen mannigfache Antworten zu geben. Diese sind aber oftmals sehr oberflächlich und können sogar Menschen, die von einer unheilbaren Krankheit betroffen sind, unter Druck setzen und Versagensgefühle hervorrufen. Für Pyar Troll, eine Münchner Ärztin und spirituelle Lehrerin, ist ein Mensch hingegen viel zu komplex und einzigartig, als dass einfache Antworten ihm je gerecht werden könnten. Für sie stellt jedes Leben ein einzigartiges Kunstwerk dar.

Wie definieren Sie den Begriff Gesundheit?

Pyar Troll: Die WHO hat hierzu eine negative Definition: Gesundheit ist die Freiheit von Schmerz, Gebrechen und Leiden. Ich selbst würde das Wort Gesundheit auch als Freiheit definieren: Der Mensch ist gesund, wenn er keine Schmerzen hat, keine Einschränkungen in seiner Bewegungsfreiheit und wenn er seine mentalen Fähigkeiten und seine seelischen Fähigkeiten uneingeschränkt verwenden kann. Das bedeutet für mich: Der Mensch ist gesund.

Wie definieren Sie infolgedessen Krankheit?

P. T.: Wenn an irgendeinem Punkt diese Freiheit, in welchem Ausmaß auch immer, eingeschränkt ist.

Krankheit ist aus meiner Sicht eine Einschränkung im körperlichen, geistigen oder seelischen Bereich. Aber damit ist sie noch nicht hinlänglich definiert. In der Schulmedizin nimmt man die Symptomatik und nennt sie dann zum Beispiel Lungenentzündung. Die Lungenentzündung ist hier die Krankheit. Ich habe allerdings eine andere Vorstellung der Pathologie, die der Homöopathie und der TCM entspricht. Dabei geht man davon aus, dass noch eine Schicht dazukommt, die tiefer liegt als die Symptomatik. Symptome sind eigentlich nur Hinweise. Wir sagen: Die eigentliche Krankheit ist eine Störung in der Lebenskraft. Diese wird von Hahnemann als Dynamis bezeichnet. Die Chinesen sagen dazu Chi, bei den Indern heißt sie Prana. Wenn eine Störung in der Lebenskraft auftritt, versucht das Körper-Geist-Seele-System, diese grundlegende Störung auszugleichen. Dadurch entstehen die Symptome. Das heißt, die Lungenentzündung ist nicht die eigentliche Krankheit, sondern bereits der Selbstheilungsversuch des Organismus.

Wie verhält es sich bei unheilbaren Krankheiten?

P. T.: Da ist es offensichtlich so, dass der Ausgleich nicht mehr möglich ist.

Was genau heißt Selbstheilungsversuch? Bedeutet das, dass über die Krankheit der Hinweis an dieses System erfolgt: Stopp, du brauchst jetzt Ruhe!

P. T.: Nein. Das muss nicht sein. Bleiben wir bei dem Beispiel der Lungenentzündung: Die meisten Menschen können, wenn sie noch jung sind, eine Lungenentzündung ohne aufwändige

Behandlung überstehen. Danach ist die Sache wieder in Ordnung. Natürlich soll man sich ins Bett legen, wenn man Fieber hat, um es wieder auszukurieren. Aber nicht jedes Mal, wenn ich Fieber habe, bedeutet das, dass ich mich überfordert habe und deshalb ins Bett legen muss, um mehr Ruhe zu bekommen. Die Störung ist aus irgendeinem Grund eingetreten, den wir nicht einsehen können. Oder aufgrund der Vergänglichkeit aller Dinge, weil irgendwann alles kaputt geht. Und der Organismus versucht dem, im Sinne des Individuums, entgegenzuwirken.

Was halten Sie von Konzepten, die eine Kausalität zwischen unmittelbarem eigenen Verhalten und der Krankheit herstellen? Frei nach dem Motto: »Ich habe eine Grippe und 14 Tage im Bett gelegen. Die Grippe hatte ich nur, weil ich mich völlig verausgabt habe.«

P. T.: Es kann, aber muss nicht sein. Was ich nicht mag, ist die zwingende Verbindung, die hier oft hergestellt wird. Das ist mir viel zu einfach. Das Leben ist meiner Ansicht nach viel zu komplex, um das tun zu können. So komplex, dass wir es in den meisten Fällen nicht durchschauen können. Ich habe viele Patienten mit einer chronischen Krankheit oder einer, die zum Tode führt, wie zum Beispiel Krebs. Sie haben diese Krankheit, was für das Individuum selbst schon schlimm genug ist, und zusätzlich haben sie dann noch Schuldgefühle.

Woher rührt Ihrer Meinung nach dieses kausale Denken?

P. T.: Es kann in Angst wurzeln. Angenommen, ich bekomme eine schwere Krankheit, dann frage ich mich sofort: »Wie werde ich diese Krankheit wieder los?« Oft geht es aber nicht so einfach. Es reicht dann nicht, ein Aspirin zu nehmen. Manchmal geht die Krankheit gar nicht weg, weil diese Krankheit meinen Körper töten wird. Dann denke ich: »Wenn ich rauskriegen kann, warum ich krank bin und ich dieses Warum auflösen könnte, müsste ich nicht krank sein.« Somit rührt dieses kausale Denken aus einer Nicht-Akzeptanz dessen, was ist. Und das ist ja eine viel grundlegendere Krankheit als sämtliche körperlichen Krankheiten, selbst wenn sie uns als Mensch, Körper und Individuum töten.

Hat diese Art des Denkens ihre Wurzeln im christlichen Glauben, nach dem Motto: Weil ich nicht gut war, werde ich jetzt mit einer Krankheit bestraft.

P. T.: Ich glaube, dass dies nicht grundsätzlich christlich ist. Und wenn überhaupt, dann ist es calvinistisch. Dieses eigenartige Gedankengut ist ja bis heute in den USA weit verbreitet. Wer erfolgreich, reich und gesund ist, handelt gottgefällig. Das heißt, an meinem Erfolg in dieser Welt und an meinem Wohlbefinden in dieser Welt kann ich absehen, ob ich hinterher in den Himmel komme.

Ich meinte es eher auf das Schuldgefühl bezogen. Um es etwas anders zu formulieren: Weil ich nicht gut war, werde ich jetzt von Gott bestraft.

P. T.: Ich denke, dass man es komplexer sehen muss. Natürlich gibt es eine Gesetzmäßigkeit von Ursache und Wirkung. Im westlichen philosophischen Kontext bezeichnet man es vielleicht als Schuld und Sühne. Im Osten heißt es Karma. Dass dieses Gesetz existiert, glaube ich schon. Aber es bedeutet nicht, dass ich diese Ursache immer herausfinde. Es bedeutet, dass ich irgendwann irgendwelche Samen gesät habe, die jetzt zu meinem Unwohlsein führen. Es heißt aber auch gleichzeitig, dass ich jetzt neue Samen säen kann, die gute Wirkung haben werden, auch wenn ich nicht sagen kann, wann und in welcher Weise. Aber ich glaube, dass dieses Prinzip viel komplexer ist, als die meisten Menschen annehmen, denn in jedem

Moment, egal ob es ein Moment von Krankheit oder Gesundheit ist, ein Moment von Wohlbefinden oder Nichtwohlbefinden, in jeden Moment fließen Myriaden von Ursachen ein und münden in diesen Moment, damit er genau so wird, wie er jetzt ist. Gleichzeitig entstehen aus der Art, wie ich mit diesem Moment umgehe, wie ich jetzt handle, spreche, denke, wieder Myriaden von Wirkungen, die sich wiederum mit anderen Wirkungen verknüpfen. Bei dem Versuch, sich das vorzustellen, kann man nur noch staunen, weil es ein multidimensionales Netzwerk ist. Und wir glauben, sagen zu können: »Weil du vor zehn Jahren dieses oder jenes getan hast, hast du heute Krebs.« Das wird weder unserem menschlichen Wesen noch der Natur gerecht.

Wo fängt für Sie Heilung an? Ist Heilung für Sie, wenn der Körper gesund ist?

P. T.: In meiner Erfahrung mit Patienten kann das sehr unterschiedlich sein. Ich habe erlebt, dass Menschen körperlich wieder gesund sind, aber die Zerrissenheit ihres Geistes sich nicht verändert hat – die Wut, der Hader oder die grundlegenden Krankheiten des Geistes.

In einem solchen Fall würde ich dann nicht sagen, dass der Mensch von der eigentlichen Krankheit geheilt ist. Sein Geist wird neue Objekte finden, an denen er seine Zerrissenheit festmachen kann. Oder es kann auch zu einer Verlagerung kommen. Das heißt, was dieses Mal im Körper ausgetragen wird, kann beim nächsten Mal in der Beziehung ausgetragen werden oder in der Arbeit oder an einem ganz anderen Kriegsschauplatz. Es ist derselbe Krieg. Auf der anderen Seite kenne ich Menschen, die unheilbare Krankheiten hatten und daran gestorben sind, aber in einem solch tiefen innerlichen Frieden, dass sie in meinen Augen zwar gestorben, aber heil gewesen sind.

Wie und womit haben diese Menschen Frieden geschlossen?

P. T.: Mir fällt eine Patienten ein, die ich vor gut zwölf Jahren begleitet habe. Sie war sehr jung, etwa fünfundzwanzig Jahre alt und an Leukämie erkrankt. Der Krankheitsverlauf ging sehr schnell. Vielleicht ein halbes Jahr. Sie ist durch alle Phasen gegangen, die Elisabeth Kübler-Ross beschreibt. Aber irgendwann war es ihr möglich zu entspannen. Nicht im Körper, denn in dem ist es ihr immer schlechter gegangen, aber in ihrem Herzen. Ich weiß nicht warum, aber sie hat sich irgendwann in diese Situation hineingegeben und alles ganz bewusst geregelt. Sie hat auch ganz klar bedacht, wer was bekommt. Nicht mit Pedanterie, sondern mit großer Liebe. Irgendwann am Schluss hat sie gesagt: Ich bereite meinen Tod vor, als wenn es meine Hochzeit wäre. Sie hat es geschafft, es sich auch in Kleinigkeiten schön zu machen. Und in ihrer Krankheit kam auch noch unter übelsten Umständen viel Schönheit ins Leben. Trotz Chemotherapie, ausgefallener Haare und Schmerzen. Sie bekam immer mehr Schönheit.

War sie ein spiritueller Mensch?

P. T.: Zuerst nicht. Sie war nicht spirituell in dem Sinne, dass sie einer bestimmen Tradition angehört hat, aber sie war sehr offen. Wenn ich ihr etwas empfohlen habe, hat sie es ausprobiert und sich das herausgeholt, was für sie gepasst hat. Ich weiß nicht, warum diese junge Frau auf so grauenvolle Weise sterben musste, aber in ihrer Seele ist sehr viel Heilung passiert.

Wie kommt man Ihrer Meinung nach zu einer solchen tiefen inneren Heilung?

P. T.: Dabei spielen meiner Ansicht viele Faktoren eine Rolle. Ich habe das Gefühl, dass Menschen mit unterschiedlichem

Potenzial in diese Inkarnation kommen. Letztlich ist das Potenzial für jedes Individuum immer dasselbe, über die lange Zeit gesehen. Aber in die jetzige Inkarnation bringen wir viel mit: ein Haufen Müll oder eine Menge Schätze. Oder auch beides. Das hängt natürlich wieder von unseren vorhergehenden Inkarnationen ab. Wobei ich der Meinung bin, dass jeder Mensch in jedem Moment den großen Schritt machen könnte.

Was ist Ihrer Meinung nach ein Schritt hin zu dieser Möglichkeit?

P. T.: Für einen Menschen mit einer schweren Krankheit finde ich es schon wichtig, dass er sein Leben betrachtet. Das wird zwar sowieso passieren, wenn wir sterben, aber ich finde es wichtig, Frieden mit dem eigenen Leben zu schließen. Mit den schönen Sachen, die gegangen sind. Und mit den nicht so schönen Dingen. Dass man aus dem Leben gleichsam einen Blumenstrauß bindet mit allem, was dazu gehört. Disteln sind auch dabei. Denn auch die kann ich so arrangieren, dass sie zu einem Kunstwerk werden. Ich finde, man sollte ein Kunstwerk abliefern. Aber wir müssen dieses Kunstwerk aus den vorhandenen Materialien herstellen. Wir können nicht hergehen und sagen: »Ja, ich würde gerne ein Kunstwerk herstellen, aber dafür brauche ich erst einmal eine Millionen Euro, ewige Gesundheit, den Traumprinzen und den Superjob.« Sondern genau mit dem, was ist, was mir gegeben wurde, und genau mit dem, was mir möglich ist, einzubringen an eigenem Potenzial, und damit Schönheit schaffen. Und ich weiß, dass das auch immer noch möglich ist, wenn ich todkrank im Bett liege. Dazu gehört auch, mit den Eltern Frieden zu schließen und auch aufzuhören, sie immer noch ändern zu wollen und sie immer noch für alles verantwortlich zu machen. Und dann sollte man sich fragen: »Was ist mein Lebensthema? Worum geht es in meinem Leben?« Diese Frage sollte man sich sowieso häufiger stellen. »Wie sehen meine Prioritäten im Leben aus? Inwieweit bin ich ihnen gefolgt, oder habe ich mich von meinem Ziel ablenken lassen?« Vielleicht gibt es auch Dinge, die zu bereuen sind. Und auch das sollte man tun. Und man sollte auch durch den Schmerz des eigenen Versagens gehen oder auch durch den Schmerz, weil ich Menschen verletzt oder eingeschränkt habe. Oder Dinge nicht getan habe, die richtig gewesen wären, und solche getan habe, die nicht richtig waren. Also Exaktheit erzielen beim Aufräumen.

Und wie kann man zu dieser Exaktheit gelangen, ohne Schuldgefühle zu bekommen?

P. T.: Durch Pragmatismus. (lacht) An zwei Punkten unterscheidet sich ganz deutlich die westliche Einstellung von der östlichen. Die Tibeter sind zum Beispiel höchst pragmatisch. Sie sagen: »Gut, ich habe Schulden gemacht. Also mache ich mich daran, die Schulden abzuzahlen. Was ist denn schlimm daran, sobald ich mein inneres Konto überzogen habe, es wieder aufzufüllen? Es ist doch eine einfache Sache.« Im Westen geht man davon aus, dass der Mensch in seinem innersten Kern schlecht ist. Im Osten geht man davon aus, dass der Mensch in seinem innersten Kern in Ordnung ist. Das sind grundsätzliche Unterschiede. Der Dalai Lama hat einmal gesagt, dass er über diese Haltung sehr erschrocken war, als er die ersten Male in den Westen kam. Diese Art der Selbstsicht war ihm so fremd, dass er sie anfangs gar nicht verstehen konnte. Das ist, glaube ich, der entscheidende Punkt. Nicht die Tatsache, ob es Schuld gibt oder nicht. Wenn ich weiß, ich bin im Grunde, im innersten Kern, okay, dann kann ich mir auch Schuldgefühle leisten.

Der Atem und unsere Verbindung zu allem – Mitgefühl – Übung nach Pyar Troll

Die Entwicklung und Übung von Mitgefühl ist für Heilung ganz wesentlich. Niemand kann ganz und heil sein, solange er oder sie das andere als fremd betrachtet, solange er oder sie eine Mauer um sich errichtet hat. Reflexartig wollen die meisten Menschen alles Unangenehme loswerden oder von sich fernhalten, alles Angenehme dagegen in den eigenen Herrschaftsbereich bringen. Das verstärkt jedoch die Abspaltung, die Trennung und führt zu Leiden – gegen alle Absicht.

Atishas Übung »Tonglen« kann hier sehr heilbringend wirken, und ich empfehle sie immer wieder. Tonglen arbeitet mit dem Atem:

Die Luft, die Sie gerade einatmen, ist die Luft, die Ihre Zimmerpflanze oder der Mensch neben Ihnen in der U-Bahn gerade ausgeatmet hat. Wir tauschen unseren Atem mit allen lebenden Wesen aus. Wenn wir uns dessen bewusst sind, können wir uns nicht vom Rest der Welt abgrenzen. Wo fängt Ihr Atem an, und wo hört der Atem Ihres Nachbarn auf? Es ist *ein* Atem, *ein* Leben. Hier wird die Vernetztheit und gegenseitige Bedingtheit aller Phänomene und aller Wesen so deutlich, so klar, so praktisch. Im Beobachten des Atems stellt man fest: Es gibt keine Trennung zwischen Außen und Innen, sondern ein Zusammenspiel, eine Harmonie.

Von hier aus ist es ein kleiner Schritt zu Atisha, einem tibetischen Meister des 11. Jahrhunderts, der schreibt: »Übe dich im Austauschen (Tonglen), im Nehmen und Geben abwechselnd. Tu das, indem du auf dem Atem reitest. Beginne die Übung mit dir selbst.«

Die scheinbar natürliche Verhaltensweise, alles Angenehme zu sich heranzuziehen und alles Unangenehme von sich abzuhalten, hält die Idee der Trennung meiner selbst vom Rest der

Welt aufrecht, ist Ausdruck der Territorialbildung des kleinen Ich, der Verblendung, und sie verursacht Gier, Hass und Leiden. Atishas Aufforderung, mit dem Ausatmen Angenehmes loszulassen und zu verströmen, ohne dabei irgendetwas zurückzuhalten, und mit dem Einatmen Unangenehmes ins Herz hineinzunehmen und ohne Rückhalt zu fühlen, bewirkt eine Kehrtwendung. In diesem Mitgefühl lösen sich alle Grenzen auf, und Weisheit scheint auf. Diese Kehrtwendung beschränkt sich nicht auf die Zeit, die man auf seinem Meditationskissen verbringt, sondern sie muss sich im Leben zeigen und erweisen. So manche gewohnte Reaktionsweise wird dann sicherlich nicht mehr möglich sein.

Ich erkläre dies am Beispiel des Gefühls der Hilflosigkeit, das sicher jeder kennt:

Immer wieder empfinde ich Hilflosigkeit, wenn mir Leiden begegnet und ich nichts tun kann, um es zu lindern. Sei es der gewaltsame Tod von vielen als Geiseln genommenen Kindern einer Schule in Russland, sei es emotionales oder persönliches Leiden in meinem Umfeld. Der erste Schritt für mich ist einerseits das Anerkennen meiner eigenen Hilflosigkeit als Faktum und dass ich dieses Gefühl gleichzeitig tief in mein Herz sinken lasse und es annehme. Als Erstes muss man aufhören, vor diesem natürlich unangenehmen, aber einfach höchst menschlichen Gefühl davonzulaufen. Solange wir leben, werden wir uns immer wieder hilflos fühlen. Als zweiten Schritt nutze ich dieses Gefühl der Hilflosigkeit, um mich in Mitgefühl zu üben für alle Menschen und Wesen, die sich auch hilflos fühlen oder sich in einer hilflosen Lage befinden. Empfinden wir selbst gerade ein Gefühl dieser Art in uns, dann ist das der ideale Zeitpunkt, um Mitgefühl zu üben, Tonglen, oder »Atishas Heart«, wie Osho es nannte, zu praktizieren. Ich atme all die Hilflosigkeit, die in mir und in anderen Wesen ist, ein und atme alles, was in mir an Mut, Strahlen, Zuversicht ist, aus. Auf diese Weise wird Hilflosigkeit (und jedes andere Gefühl) in Segen verwandelt. Das ist tiefste Alchemie.

Daniela Tausch

Lebenskunst ist Sterbenskunst

Es gibt wohl kaum eine Erfahrung im Verlauf unseres Lebens, die uns so tief berühren kann wie der Verlust eines geliebten Menschen oder die Konfrontation mit der eigenen Sterblichkeit. Für die meisten Menschen ist eine Auseinandersetzung mit der Vergänglichkeit eine sehr schmerzvolle Erfahrung, da die Sterblichkeit in unserer Gesellschaft immer noch tabuisiert wird und primär hinter verschlossenen Kliniktüren gestorben wird. Öffnet man sich hingegen für die Endlichkeit des Daseins, kann die Annahme der eigenen Sterblichkeit oder der Tod von Menschen, die wir lieben, auch etwas sehr Heilvolles haben. Um die Vergänglichkeit zu wissen, kann uns die Kostbarkeit unseres eigenen Lebens ganz bewusst machen, so dass wir das Leben im Spiegel der Vergänglichkeit als ein Geschenk erfahren. Wie dies möglich ist, zeigt Daniela Tausch, Psychotherapeutin, Autorin, Initiatorin und langjährige Leiterin des Stuttgarter Hospizdienstes (1987–1997) in ihren Büchern, Artikeln und Veranstaltungen auf. Durch ihre Pionierarbeit im Hospiz sowie durch ihre Herangehensweise an ein so negativ besetztes Thema wie den Tod hilft sie betroffenen Menschen, den Tod nicht nur als eine zutiefst schmerzliche Erfahrung zu erleben, sondern auch die heilenden Aspekte zu erkennen, die in dieser Grenzerfahrung liegen können.

Wie definieren Sie Gesundheit?

Daniela Tausch: Gesundheit bedeutet für mich, in Übereinstimmung mit mir selbst zu sein. Ich brauche dazu nicht körperlich gesund zu sein. Wenn ich meine körperlichen Einschränkungen oder Krankheiten annehme, mich damit ausgesöhnt habe und nicht immer dagegen ankämpfe, fühle ich mich gesund. Und auch wenn ich mich seelisch so annehme, wie ich bin, selbst meine dunklen Seiten. Ich habe immer wieder erlebt, dass Menschen seelisch heil gestorben sind, und das heißt nicht, dass sie Heilige waren, aber dass sie stimmig mit sich und dem Geschehen waren.

Wie definieren Sie Heilung?

D. T.: Heilung bedeutet für mich, einen Weg zu finden, um in Übereinstimmung mit mir zu kommen. Sie ist ein Weg, ein Prozess, kein Zustand. Für mich hat es am schönsten Jean Achterberg gesagt: »Heilung ist das Umarmen dessen, was man am meisten fürchtet. Heilung ist das Öffnen dessen, was verschlossen war, das Weichwerden dessen, was zur Blockade verhärtet war. Heilung besteht darin zu lernen, dem Leben zu vertrauen.«

Sie haben lange im Hospiz gearbeitet. Dieser Ort ist die letzte Lebensstation eines Menschen, für den es körperlich keine Heilung mehr gibt. Wie gehen die Menschen, die zu Ihnen ins Hospiz gekommen sind, mit diesem Wissen über ihren Zustand um?

D. T.: Es ist immer wieder sehr unterschiedlich gewesen. Viele Menschen sind zu uns ins Hospiz gekommen und haben den Tod auch weiterhin verdrängt. Manche, indem sie gleich sagten: »Aber ich komm hier wieder raus.« Andere vermieden das Gespräch darüber. Für uns war es sehr wichtig, den jeweiligen Weg des Menschen zu respektieren. Es gibt kein Richtig oder Falsch für den Weg des Sterbens. Auch wenn ich mir jetzt wünsche, den Weg meines Sterbens mit Offenheit und Bewusstsein zu gehen, weiß ich nicht, ob ich wirklich die Kraft dazu haben werde, wenn ich im Sterben liege. Es gibt eine schöne Geschichte dazu: Ein Heiliger liegt im Sterben. Seine Jünger kommen zu ihm, um noch seine letzten wichtigen Worte zu hören.

Als sie zu ihm kommen, spielt er Backgammon. Die Jünger sind darüber sehr enttäuscht, erhofften sie sich doch gewichtige, letzte, weise Worte von ihm. Er sagte daraufhin zu ihnen: »Warum soll ich den Fluss nicht an der Stelle überqueren, an der das Wasser am wenigsten tief ist.«

Aber es gab auch Menschen, die sich sehr aktiv mit ihrem möglichen Sterben auseinandergesetzt haben, mit ihren Ängsten und Vorstellungen, was nach dem Tod kommt. Dadurch entsteht aber nicht nur Schwere, Angst oder Hoffnungslosigkeit. Gerade wenn Menschen über ihre Angst, ihre Traurigkeit sprechen und darin gehört werden, können sich Gefühle wandeln. Die Traurigkeit verwandelt sich in Wehmut oder auch Annahme, manchmal wandelt sich die Angst auch in Neugier oder großes Vertrauen. So sagte zum Beispiel eine junge Frau, die am Anfang sehr viel Angst hatte: »Ich werde dann einatmen, und dann werde ich ausatmen, und dann ist nichts mehr, und das ist gut.« Mich hat dieser Satz sehr berührt, und er begleitet mich bis heute. Für mich ist das erfahrene und getragene Spiritualität. Und es ist immer wieder erstaunlich, wie die Hoffnung den Weg begleitet. Am Anfang ist es die Hoffnung, vielleicht noch den Sommer zu erleben oder das doch noch ein Wunder geschehen würde, dann ist es die Hoffnung, noch ein bestimmtes Ereignis zu erleben, die Hoffnung, keine oder wenige Schmerzen oder Beschwerden zu haben, Hoffnung, dass Menschen da sind, die einen begleiten, Hoffnung auf ein Sein nach dem Tod, Hoffnung, dass es gut wird.

Wenn Sie die Menschen im Hospiz körperlich nicht heilen können, finden sie dann bei Ihnen seelische Heilung? So dass sie zumindest in Frieden sterben können? Haben Sie da eine allgemeine Vorgehensweise? Oder wird das individuell gehandhabt? Können Sie möglicherweise ein Beispiel nennen?

D. T.: Bei der Frage werde ich sehr kritisch. Ich dachte am Anfang vor zwanzig Jahren: Wenn wir jemanden gut begleiten, ist es möglich, dass jeder Mensch in Frieden sterben kann. Im Laufe der Jahre ist mir bewusst geworden, wie arrogant und überheblich dieser Gedanke ist. Woher weiß ich, welches Sterben für den anderen richtig ist? Für mich ist mein Hauptgedanke bei der Begleitung, jedem sein eigenes Sterben zu ermöglichen. Für den einen ist es vielleicht richtig, bis zum Schluss zu kämpfen, weil er immer Kämpfer gewesen ist. Und dann ist dies der für ihn mögliche und wohl auch richtige Weg. Oder sich bis zum Schluss mit Krimis abzulenken. Oft gehen die Menschen den Weg des Sterbens ähnlich, wie sie ihren Lebensweg gegangen sind. Nur manchmal zeigen sich noch andere Seiten, manchmal wird jemand versöhnlicher oder auch freier von seinen Normen. So hat einmal eine Frau, die immer sehr höflich und auf Formen bedacht war, in ihren letzten Wochen gesagt: »Wissen Sie, ich bin so froh, ich kann jetzt endlich fluchen und schimpfen.«

Wir neigen dazu, unser Leistungsdenken auch auf den Weg des Sterbens zu übertragen: Das ist ein gutes Sterben, und das ist ein falsches Sterben. Das finde ich schade, weil wir damit die Einmaligkeit jeden Lebens und Sterbens nicht sehen. In der Begleitung habe ich eher folgendes Bild: Ich stehe neben dem anderen und durch mein offenes Zuhören und Verstehen, durch mein Da-Sein, vielleicht auch durch meine Angstfreiheit der Angst und dem seelischen Schmerz gegenüber kann ich dem anderen Licht sein, damit er seinen eigenen Weg erkennen kann. Durch mein Fragen und mein Mitempfinden leuchte ich manchmal vielleicht in Winkel, in die er alleine nicht zu schauen wagt, oder ich kann ihm Wege ausleuchten, die er vorher nicht erkennen konnte. Aber er entscheidet, welcher Weg der für ihn mögliche und stimmige ist. Zum Beispiel erinnere ich mich an einen Mann, der lebenslang eine sehr schwierige Beziehung zu seiner Tochter hatte. Er sagte gleich am Anfang: »Wenn Sie meine Tochter hier ins Hospiz reinlassen, dann lasse ich mich wieder ins Krankenhaus einweisen.« Wir führten dann viele Gespräche mit ihm und auch mit seiner Tochter, aber es gab keinen gemeinsamen Weg für sie. Dies war ein Spiegel ihrer gelebten Beziehung. Und vielleicht ist Versöhnung manchmal erst viele Jahre nach dem Tod möglich.

Das bedeutet für mich Hospiz: Wir als Menschen mit unserem zuhörenden und mitempfindenden Herzen können Herberge für die Not und für die Angst des anderen sein.

Wo liegt Ihrer Meinung nach der Schlüssel für die Heilung eines Menschen?

D. T.: Für mich liegt der Schlüssel darin, dass ich mich mir selbst und meinen Gefühlen zuwende, dass ich sie wahrnehme und nicht verdränge. Dass ich mich frage: Wo genau kommt jetzt deine Trauer, Wut, Verbitterung oder Angst her? Wenn ich dem nachspüre, muss ich vielleicht erst einmal in die eigene Dunkelheit abtauchen, und manchmal ist es gut, dabei begleitet zu werden, aber das Dickicht wird auch immer wieder heller und leichter. Meine Erfahrung ist, dass sich meine Gefühle durch das Wahrnehmen, Zulassen und auch durch das Erkennen von Zusammenhängen verwandeln und ich dadurch freier in der Gegenwart lebe. Ich weiß nicht, wer gesagt hat: »Heilwerden ist das Schaukeln zwischen den Misshandlungen der Vergangenheit und der Fülle der Gegenwart. Und es ist das Schaukeln, welches die Heilung bewirkt, nicht das Stehenbleiben an einer der beiden Stellen.« Das ist die Kunst, im Leben zu sterben, immer wieder, um auch immer wieder neu zu leben.

Sie haben einmal ein Seminar mit dem Titel »Lebenskunst und Sterbenskunst« gehalten. Können Sie diesen Aspekt etwas genauer ausführen? Ist es für Sie ein wichtiger Schritt in Richtung persönliche Heilung, beides zu erlernen?

D. T.: Ja. Wir müssen beides erlernen und auch verstehen, dass beides ineinander übergeht. Wir müssen lernen, im Leben zu sterben. Das heißt, wir müssen lernen, immer wieder loszulassen, Abschied zu nehmen, uns immer wieder aufs Wesentliche zu konzentrieren. Wenn wir lernen, den Tod in unser Leben mit einzubeziehen, dann gewinnen wir sehr viel. Wir lernen dann, intensiver zu leben und die Kostbarkeit des Lebens zu erkennen. Und andererseits glaube ich, dass wenn wir das Leben so intensiv leben und uns so intensiv auf das Leben einlassen, dann vielleicht auch leichter sterben können. Ich vergleiche manchmal das Leben mit einer großen Speisetafel. Wenn wir nur vier Speisen essen, weil die alle anderen auch essen, weil sie gesund sind und weil sie uns bekommen, dann werden wir, wenn das Büffet abgeräumt werden soll, wahrscheinlich denken: »Oh nein, das ist viel zu früh. Diese grüne Speise oder die rote, die hätte ich doch auch gerne noch probiert.« Aber wenn wir viele Speisen probiert haben, wirklich das Leben gewagt, uns vielleicht manchmal den Magen verdorben, aber auch Köstlichkeiten auf der Zunge geschmeckt haben, dann werden wir vielleicht eher sagen können: »Ja, es ist okay. Ich kenne noch nicht alles, aber ich kenne vieles. Ich bin bereit.« Tagore sagt es so schön: »Wenn der Tod an die Tür klopfen wird, was wirst du ihm anbieten? Ich werde den Tod nicht mit leeren Händen gehen lassen, ich werde ihm das volle Gefäß meines Lebens anbieten.«

Und wann sollte man Ihrer Meinung nach damit anfangen, die Lebens- und Sterbenskunst zu erlernen?

D. T.: Natürlich eignet sich jeder Moment dazu, das Leben und damit einhergehend das Sterben zu erlernen. Bei den meisten Menschen sehe ich allerdings, dass sie sich erst damit auseinandersetzen, wenn sie in eine Krise geraten, an einer unheilbaren Krankheit leiden oder wenn jemand gestorben ist, der ihnen nahesteht. Erst ein solches Ereignis ist für viele Menschen der Anlass, innezuhalten und sich mit dem Leben und dem Sterben zu beschäftigen. Aber natürlich ist *jetzt* eigentlich der beste Moment, um damit anzufangen, und es lohnt sich für die Qualität des eigenen Lebens und für die dadurch gewonnene Lebensfreude.

Aber natürlich müssen wir es erst wieder erlernen. Kinder haben die Kunst des Lebens-Sterbens. Sie verlernen es im Verlauf der Jahre durch unser Lernsystem, durch unsere Fixierung auf Leistung. Sie begegnen dem Leben und dem Tod auf wunderbare, sehr unbefangene Weise.

Wodurch entsteht Ihrer Ansicht nach die massive Angst vor dem Tod, die viele Menschen haben?

D. T.: Das hängt, meiner Ansicht nach, vor allen Dingen damit zusammen, dass wir den Tod verdrängen. Wir ignorieren ihn ja schlichtweg. Das ist eine negative Wirkung der modernen Medizin und der gesellschaftlichen Veränderungen. Durch diese Verdrängung ist ein Machbarkeitsglaube entstanden, ganz nach dem Motto: Wir schaffen das! Wir müssen nur dieses und jenes tun und diese Behandlung ansetzen! Wir haben durch Wissenschaft und Forschung den Glauben entwickelt, dass wir *alles* können. Dann erzeugt es natürlich umso mehr Angst, wenn wir an einem gewissen Punkt erfahren müssen, dass wir machtlos sind und nichts tun können. Und gegen das Sterben können wir wirklich nichts tun. Diese Ohnmacht spüren wir nicht gerne. Auch ist ja der Tod immer mehr in Institutionen verlagert worden. Viele Menschen haben noch nie einen toten Menschen gesehen. Früher wurde der Verstorbene aufgebahrt, so dass alle Abschied nehmen konnten, und zur Beerdigung wurde der Sarg durch das ganze Dorf getragen. Früher galt der Gedanke, dass wir dem Toten durch unsere Berührung eine Sorge von uns mitgeben können. Heute haben wir eher Angst, einen verstorbenen Menschen zu berühren, als könnten wir uns »anstecken« und dann auch »vom Tod geholt« werden.

Sie haben gesagt, dass es sich beim Tod immer noch um ein Tabuthema handelt. Ist es denn immer noch so ein Tabuthema wie vor vielleicht dreißig Jahren oder bricht das langsam auf?

D. T.: Ich würde sagen, es bricht langsam auf. Das Thema gewinnt mittlerweile an Bedeutung, wozu die Hospizbewegung meiner Meinung nach sehr viel beigetragen hat. Aber ich glaube, dass es immer noch nur ein bestimmter Teil der Bevölkerung ist, der für dieses Thema offen ist. Es müsste deshalb meiner Meinung nach noch mehr Menschen geben, die sich als Bürger und Bürgerinnen mit dem Thema auseinandersetzen, es müsste mehr Platz in Kindergärten, Schulen und in der Ausbildung von Pflegekräften und Ärzten haben. Dann wären wirkliche gesellschaftliche Veränderungen möglich.

Wie kann ein Mensch, der bis jetzt noch keinen Zugang zu dem Thema Sterben und Tod hat, einen sanften Zugang dazu finden?

D. T.: Ein sanfter Weg ist zum Beispiel, Bücher über Sterben und Tod zu lesen, das können Erfahrungsberichte sein, wie andere Menschen mit Krankheit und Sterben umgegangen sind. Dann ist auch wichtig, das Gespräch mit anderen Menschen zu suchen. Man kann sich an Hospiz-Dienste wenden, inzwischen gibt es in Deutschland bundesweit viele Hospizgruppen. Da sind Menschen, die bereit sind, offen über dieses Thema zu reden. Eine andere Möglichkeit ist natürlich auch, einfach mal mit Freunden über dieses Thema zu sprechen: »Was habt ihr an Erfahrungen gemacht, und was hat euch geprägt?«

Sie sprechen immer wieder den gegenwärtigen Moment an. Ist es ein Teil des Geheimnisses, wie wir die Lebenskunst erlernen können?

D. T.: Ja, das glaube ich. Die Lebenskunst hat sehr viel damit zu tun, den gegenwärtigen Moment zu leben. Wir leben zumeist in der Vergangenheit oder in der Zukunft. Wir sind oft damit beschäftigt, an das zu denken, was vorbei ist, was wir vielleicht verpasst haben oder was noch geschehen wird. Und die Lebenskunst besteht für mich darin, den gegenwärtigen Moment auszuschöpfen, anstatt ihn vorbeizuwünschen. Auch dann noch, wenn der Moment vielleicht schwierig oder negativ zu sein scheint.

Gibt es dafür Hilfsmittel oder Hilfestellungen, um das zu erlernen?

D. T.: Ein Hilfsmittel ist für mich, langsamer zu leben. Das fällt mir schwer, weil ich eher sehr dynamisch bin. Aber gerade darum ist es für mich wichtig, ganz bewusst immer wieder Dinge langsamer zu machen, um durch diese Langsamkeit den gegenwärtigen Moment mehr zu genießen und zum Beispiel auch die Natur wieder intensiver zu spüren. Und zwar bedingungslos und nicht leistungsorientiert. Denn wir sind ja in dem, was wir tun, immer sehr auf Leistung bedacht. Das ist auch etwas, was uns dann von der Kostbarkeit des Momentes abhält. Eine zweite Hilfe ist, dass ich mir immer wieder einen Tag unter das Motto stelle: Ich sage heute zu dem, was mir begegnet »Ja!«. Dann merke ich schnell, zu wie vielen Dingen ich »Nein!« sage oder mir wünsche, sie wären vorbei. Stelle ich einen Tag unter ein solches Mottos, hilft es mir, einfach mehr Ja zu dem zu sagen, was gerade passiert, wodurch ich den gegenwärtigen Moment dann auch wieder besser annehmen und in seiner Gänze genießen kann. Das heißt zu versuchen, alles anzunehmen, was kommt. Auch Wut, Ärger und Traurigkeit.

Dann mache ich mir immer wieder bewusst, dass das einzige Sichere der gegenwärtige Augenblick ist. Wir planen ja viel, wünschen uns oft die Zukunft herbei, die in unseren Vorstellungen leichter und schöner ist. Aber gerade durch die Sterbebegleitung ist mir bewusst geworden, dass wir nie wissen, ob wir diese Zukunft erleben werden. Allein die Gegenwart ist sicher. Von daher ist mir wichtig geworden, mich immer wieder in die

Gegenwart zurückzuholen, wenn meine Vorstellungen mir scheinbar mehr Glück in der Zukunft versprechen.

Welchen Rat würden Sie jemandem geben, der persönlich oder durch einen Menschen, der ihm nahesteht, mit dem Tod konfrontiert wird.

D. T.: Man sollte versuchen, ein Gespräch zu führen. Oft ist es so, dass ein Mensch Angst hat, darüber zu reden, und sich zurückzieht. Oder wenn jemand anderes erkrankt ist, er sich unbeholfen fühlt und dann nicht weiß, wie er reagieren soll. Oder wenn uns jemand begegnet, der trauert, wechseln wir häufig lieber die Straßenseite.

Ich würde dazu ermutigen, mit der eigenen Hilflosigkeit da zu sein. Wir dürfen auch am Bett eines kranken Menschen einfach so da sein, wie wir sind. Das ist oftmals viel ehrlicher und somit eine große Hilfe für alle Beteiligten.

Manchmal kommt es vor, dass die eigene Angst vor dem Tod so groß ist, dass wir uns nicht trauen, einen Menschen zu begleiten, offen zu sein, einfach da zu sein. Dann stirbt dieser Mensch, und etwas in dem Hinterbliebenen konnte in Bezug auf das eigene Verhalten nicht heilen. So machen sich manche Menschen dann vielleicht lange Zeit Vorwürfe, dass sie einen Ehepartner oder einen Elternteil nicht entsprechend begleitet haben. Wie kann ein solcher Mensch für sich Heilung finden, so dass er sich nicht immer mit Vorwürfen quält?

D. T.: Der erste Schritt besteht darin, sich selbst zu verstehen: »Warum konnte ich nicht anders handeln? Was hat mich blockiert oder geängstigt?« Und ich meine hiermit nicht ein kaltes Analysieren, sondern ein mitempfindendes Verstehen voller Güte, das uns hilft, unser Verhalten anzunehmen. Dies ist ein Schritt, sich erst einmal selbst zu verzeihen, indem man anerkennt: »Ja, da hat mir etwas gefehlt.« Dadurch wachsen wir, und oft entstehen dadurch eine innere Kraft und das Bedürfnis, das Fehlende zu erlernen, vielleicht durch Psychotherapie die Knoten lösen zu wollen oder in einer ähnlichen Situation anders zu reagieren. Bei einem weiteren Schritt geht es darum, den anderen um Verzeihung zu bitten. Manchmal geht das in einem inneren Gespräch mit dem Verstorbenen oder durch ein Ritual, zum Beispiel, indem wir dem Verstorbenen einen Brief schreiben und ihm erklären, warum wir so gehandelt haben und auch um Verzeihung bitten. Diesen Brief kann man dann verbrennen und die Asche aufs Grab oder in die Luft streuen. Es ist gut, wenn jeder für sich selbst Rituale findet, die für sie/ihn gut und hilfreich sind. Ich glaube, dass wir alle das Wissen in uns tragen, was uns heilt, es aber oft verschüttet ist und wir unseren Impulsen nicht trauen.

Sie haben durch Ihre Arbeit im Hospiz sehr viele Menschen erlebt, die sterben. Was würden Sie heute auf die Frage antworten: »Wer stirbt da eigentlich?«

D. T.: Das, was ich für mich gespürt habe, ist, dass der Körper stirbt. Oftmals ist der Sterbende vor seinem Tod unruhiger, körperlich unruhiger, da hatte ich immer das Empfinden, dass sich die Seele versucht, aus dem Körper herauszulösen. Die Menschen, die ich nach ihrem Tod gesehen habe, sahen viel gelöster, oftmals jünger aus. Das gibt mir Zuversicht und Vertrauen. Auch hatte ich immer das Gefühl, die Seele des gerade gestorbenen Menschen sei noch anwesend, darum ist es wichtig, auch den verstorbenen Menschen mit viel Respekt zu behandeln. Manchmal ist dies auch eine Gelegenheit, das auszusprechen, was vorher vielleicht nicht ausgesprochen werden konnte.

Gibt es für Sie auch einen Teil des Menschen, der immer heil war, ist und bleiben wird?

D. T.: Ja, ich glaube, dass wir einen heilen Kern in uns tragen. Er wird aber überlagert von Erfahrungen, Verletzungen,

Schmerzen. Dieser Kern versucht, mit diesen Erfahrungen umzugehen, das seelische und körperliche Überleben zu sichern. Diese Verhaltensweisen zeigen sich nach außen vielleicht oft eher als destruktiv, aber es besteht für den Kern erst einmal die Möglichkeit, mit den Schmerzen und Ängsten umzugehen. Irgendwann spürt dann der Mensch, dass diese Verhaltensweisen nicht mehr gut für ihn sind, ihn einengen und schädigen, und er macht sich auf den Weg, seinen inneren Kern wieder freizulegen.

Wie können wir Ihrer Meinung nach mit ihm in Kontakt kommen?

D. T.: Je nachdem, wie verborgen dieser Kern ist, gibt es verschiedene Möglichkeiten, die stets individuell sind: Für den einen ist es vielleicht Ausdruckstanz, eine andere schreibt regelmäßig Tagebuch, für diesen wiederum ist es die Meditation, jemand anderes verfolgt genau seine Träume und lernt dadurch, sich mehr und mehr zu verstehen und zu seinem verborgenen Kern durchzudringen. Es gibt viele Wege. Wichtig allein ist, dass es ein Weg ist, uns selbst und unseren Gefühlen näherzukommen. Und ganz oft ist die Psychotherapie ein Weg der Heilung. Es ist schade, dass in der Gesellschaft immer noch Psychotherapie mit Scham verbunden wird, dabei ist sie für viele ein großer Segen. Ich erlebe es immer wieder in der Praxis, wie Menschen nach einer Psychotherapie erfüllter, stimmiger und damit heiler mit sich selbst leben können, und auch für mich selbst habe ich es erfahren. Meine eigene Psychotherapie war für mich ein ganz wichtiger Schlüssel zu meiner Heilung. Ich habe dort alte Verknotungen lösen können und zu sehr viel mehr Lebensfreude und Leichtigkeit gefunden. Und es ist für mich wichtig, mich immer wieder neu zu hinterfragen und in mich hineinzuspüren. Die Heilung ist ein Prozess, mal sind wir weiter davon entfernt, manchmal spüren wir uns ganz geborgen in uns selbst und damit auch in dem, was größer ist als wir.

Schritte zum bewussten Leben und bewussten Sterben – Übung nach Daniela Tausch

Ein Schritt auf dem Weg zum bewussten Leben und zum bewussten Sterben ist, gewahr zu sein, dass der Tod einen Menschen jeden Moment zu sich holen kann. Die folgende Übung kann Sie darin unterstützen, das bewusste Leben und Sterben ein wenig zu üben.

- Stellen Sie sich vor, Sie hätten nur noch ein Jahr zu leben.
- Was macht Ihnen bei diesem Gedanken am meisten Angst?
- Was genau erzeugt diese Angst?
- Was können Sie in Ihrem Alltag tun, um diese Angst zu überwinden?
- Wenn Sie noch ein Jahr zu leben hätten, was würden Sie in dieser Zeit gerne tun?
- Was hindert Sie daran, es jetzt zu tun?
- Sollte es Ihnen nicht möglich sein, sich diesen Wunsch vollkommen zu erfüllen, ist es möglich, sich ihn in Teilen zu erfüllen?
- Gibt es noch Dinge, die zu erledigen sind?
- Steht es noch aus, Ihr Testament zu schreiben? Was genau hält Sie davon ab, es zu schreiben? Schreiben Sie es jetzt!
- Haben Sie sich überlegt, ob Sie lieber in der Erde bestattet oder ob sie verbrannt werden wollen? Schreiben Sie nieder, wie Sie sich Ihre Beerdigung vorstellen. Berücksichtigen Sie dabei Ihre eigenen Wünsche und nicht die Ihrer Familie.
- Gibt es Menschen, mit denen Sie sich im Streit getrennt haben? Wäre jetzt nicht eine gute Gelegenheit, den Streit zu beenden?

Willigis Jäger

Das Leben endet nie

Alle Weisheitslehren und alle Religionen umkreisen in unendlichen Variationen die Themen Leben, Tod und Wiedergeburt und deren Beziehung zueinander. Ob unter den Überschriften »Seelenwanderung«, »Auferstehung«, »Paradies«, »Unsterblichkeit der Seele« oder »Nirvana« – stets wird der Tod als Teil des Lebens und das Sterben als Akt der Verwandlung verstanden. Während sich spirituelle Traditionen bewusst mit dem Thema Tod beschäftigen und eine Vielzahl von Techniken entwickelt haben, sich diesem Bereich zu nähern, wird der Tod in unserer Gesellschaft immer noch tabuisiert und als ein vom Leben getrenntes Phänomen betrachtet. Integrieren wir den Tod in unser Leben, können wir tiefe Heilung erfahren, so lautet die These von Willigis Jäger, der als Benediktiner und Zen-Meister sowohl von der christlichen Mystik als auch vom östlichen Zen inspiriert wurde und zugleich weit über die traditionellen Vorstellungen der Religionen hinausgeht.

In ihren Vorträgen und Büchern geht es immer wieder um die Vermittlung einer neuen Sicht auf das Sterben und den Tod. Welche neue Sichtweise möchten Sie den Menschen auf ein so großes Tabu-Thema wie den Tod vermitteln?

Willigis Jäger: Wir sind viel mehr, als wir meinen zu sein, und wir sind etwas ganz anderes, als wir meinen zu sein. Wir sind nur das Instrument, auf dem ein unsichtbarer und unbegreifbarer Spieler spielt. Wir sind auch mehr als unser Unbewusstes. Wir sind immer eingeschlossen in das Eine.

Meister Eckhart sagt daher: »Wenn ich in den Grund, in den Boden, in den Strom und in die Quelle der Gottheit komme, so fragt mich niemand, woher ich komme oder wo ich gewesen sei. Dort hat mich niemand vermisst.« Wir können aus dem Göttlichen Urprinzip nicht herausfallen.

Was stirbt Ihrer Meinung nach?

W. J.: Es stirbt nur die Hülle, in der sich das Unbegreifliche in meinem Menschsein ausdrückt. Wir sind nicht das, was wir meinen zu sein. Dieses Haus »Ich« existiert nicht. Es stirbt das vordergründige Personale. Sicher geht ein Energiebündel weiter. Denn in diesem Universum kann keine Energie verloren gehen. Was daraus wird, kann niemand sagen, auch der nicht, der meint, es zu wissen.

Und was lebt weiter?

W. J.: Das Leben. Es kann nicht sterben. Noch einmal, wir sind etwas ganz anderes, als wir meinen zu sein. Unser Ich verdeckt uns, was wir wirklich sind. Die berühmte Geschichte vom Jüngling, der das Antlitz der Göttin sehen wollte, sagt uns das bildhaft. Es hieß, wer den Schleier von ihrem Bild hebt, unter dem sie verborgen ist, und das Antlitz der Göttin sieht, muss sterben. Der Jüngling wollte lieber sterben, als ewig von dieser Sehnsucht geplagt zu sein, das Antlitz der Göttin zu sehen, und hob den Schleier. Und was sah er? Er sah sich selbst, sein wahres Antlitz, sein göttliches Leben. Und das ist weder geboren, noch kann es sterben.

Haben Sie in Hinblick auf Ihren eigenen Tod manchmal das Gefühl, noch so viel vor zu haben, dass Sie befürchten, nicht alles zu schaffen?

W. J.: Nein! – Es kommt im Leben nicht auf Leistung an, sondern auf Sein. Niemand wird mich einmal fragen, was ich geleistet habe. Entscheidend ist, dass ich wirklich Mensch war mit allen Möglichkeiten, die mir gegeben wurden. Ganz Mensch zu sein, zu dieser Zeit, an diesem Ort, auf diesem Staubkorn am Rand des Weltalls, das ist der einzige Grund, warum ich hier bin. Christlich gesagt: Gott möchte in mir Mensch sein, zu dieser Zeit, in dieser Gestalt und an diesem Ort.

Ich weiß nicht, ob mein Eindruck stimmt, aber ich habe das Gefühl, dass viele ältere Menschen in Ihre Seminare kommen. Wenn ja, wie erklären Sie sich dieses Phänomen?

W. J.: In Indien teilt man das Leben in drei Phasen ein: Entwicklung und Ausbildung, Beruf und Lebensaufgabe und eine Zeit, in der sich der Mensch zurücknehmen und nach Innen gehen darf, um den Sinn des Lebens tiefer zu begreifen. Ich habe gerade im Gilgamesch-Epos gelesen. Es wurde 2700 Jahre vor Christus geschrieben. Gilgamesch, den Herrscher von Mesopotamien, trieb damals schon die Frage um: Woher komme ich? Wer bin ich? Wo gehe ich hin? Diese Frage stellt sich jeder Mensch, spätestens wenn er den Zenit seines Lebens überschritten hat. Wir helfen den Menschen auf dem Benediktushof dabei, eine Antwort in sich selbst zu finden. Es kommen mehr und mehr auch junge Menschen. Diese Frage scheint die Menschen in unseren Tagen schon sehr viel früher einzuholen.

Liegt es auch daran, dass ältere Menschen dem Tod offensichtlich ein Stück näher sind und sich dann Rat und Unterstützung von Ihnen holen möchten?

W. J.: Die Menschen kommen mit der Frage: »Was ist nach dem Tod.« Während die traditionellen Religionen eine innere Befreiung von der Welt durch eine Loslösung von allem Diesseitigen zu erreichen versuchen und das Eigentlich in ein Jenseits verlegen, um eine unmittelbare Schau des Absoluten, des Göttlichen, der Leere und des Unbekannten, zu erreichen, versucht eine mystische Spiritualität, das Hier und Jetzt zum Mittelpunkt zu machen. Hier und jetzt drückt sich das Unbeschreibbare aus, in genau dieser Form, zu dieser Zeit, an diesem Ort. Es geht nicht darum, aus der Welt zu scheiden und in ein Verlöschen oder eine neue Wiedergeburt oder einen Himmel einzugehen, um Seligkeit zu erreichen. Es geht um die Erkenntnis, dass wir und alles durchdrungen sind von dieser »Urwirklichkeit«. Es gibt keine Zeit. Es geht darum, diesen Tanz des evolutionären Geschehens mitzutanzen. Man tanzt nicht, um möglichst schnell zu Ende zu kommen, man tanzt um des Tanzes willen. Tanzschritt des »Tänzers Gott« zu sein und alles Handeln als spirituell durchdrungen zu erfahren ist das Ziel. Das gilt auch für ein eventuelles Leben nach dem Tod. – In der Mystik gibt es nur das Jetzt. Das gilt zu jedem Zeitpunkt, in welcher Existenz ich auch immer lebe. Nur im Jetzt kann ich die Eingrenzung des Personalen überschreiten.

Was raten Sie Menschen, die Angst vor dem Tod haben?

W. J.: Das Ich des Menschen wird wohl immer Angst haben. Unser Menschsein hängt ja an ihm. Aber es gibt eine Tiefenschicht in uns, die voll Vertrauen loslassen kann. Die spirituellen Wege, die wir hier lehren, führen in eine Seinserfahrung, die eine große Gewissheit und Sicherheit gibt, dass dieses Universum von einem universalen Sinn getragen ist, in den ich eingebettet bin.

Sie haben einmal einen Vortrag zu dem Thema gehalten »Tod ist Leben«. Was genau kann man unter einem solch widersprüchlichem Titel verstehen?

W. J.: Auch der Prozess des Sterbens ist das Leben dieser Urwirklichkeit. Auch ein Tsunami, ein Erdbeben oder ein Weltuntergang ist durchdrungen von diesem Leben. Nicht der Mensch stirbt. Was wir Gott nennen, stirbt als diese Menschen, die umkommen. *Es* offenbart sich auch als Tsunami und als Erdbeben. Einen Gott außerhalb würde ich als Sadisten bezeichnen. *Es* stirbt als diese Form, als diese Menschen, aber das Leben geht weiter.

Sie schreiben in Ihrem Buch »Das Leben endet nie«, dass es Ihnen um eine ganz neue Einstellung zu Gesundheit, Krankheit, Leiden, Sterben und Tod und damit auch eine neue Einstellung zur Heilung geht. Können Sie diese neue Sicht in ein paar Sätzen zusammenfassen?

W. J.: Es gibt keinen Tod. Das Leben kann nicht enden. Nur die Form, in der sich das Leben offenbart, kann untergehen. Auch als Krankheit, Leid und Tod offenbart es sich. Alles Scheitern ist auch Neubeginn. Es schließt sich nicht ein Tor, wenn wir sterben, es öffnet sich ein Tor. Das bedeutet für mich die Auferstehung Jesu. Wir gehen in eine neue Seinsweise. Niemand kann sich vorstellen, was diese Seinsweise sein wird. Wir versuchen immer wieder aus der Raupe den Schmetterling zu erklären.

Kann ein Mensch durch die These »Tod ist Leben« Trost und damit Heilung seines Schmerzes finden? Sollte es nicht eher heißen: »Tod ist Leiden«?

W. J.: Das Folgende ist nicht leicht zu vermitteln. Ich muss wieder sagen: Für mich gibt es keinen Gott außerhalb. Was ich Gott nenne, vollzieht sich als das, was ist. Es ist wie der Ozean, der immer neue Wellen wirft, aber immer der Gleiche bleibt. Wenn die Welle in den Ozean zurückfällt, fällt ein Bündel von Energien zurück. Was aus diesem individuellen Energiebündel wird, kann ich offen lassen. Es formt sich immer nur dieses göttliche Urelement in einer neuen Form aus. »Wiedergeboren wird immer nur der Herr«, heißt es in der Bhagavadgita. Wie tröstlich: Was wir Gott nennen, kommt wieder in einer neuen Form. Warum Angst haben?

Sie sagen häufig: »Der Tod ist die Vollendung unserer Geburt. Wir fügen uns nicht dem Tod, wenn wir sterben, wir fügen uns ein in den Fortgang des Lebens, das kein Verweilen kennt.« Was genau meinen Sie mit dieser Aussage?

W. J.: Das ewige Leben kann man mit einer Symphonie vergleichen. Die Musik ist das Wichtige, nicht die Note. Jetzt bin ich die Musik in dieser einmaligen, individuellen Note und erklinge an dieser Stelle der Symphonie. Die Musik geht weiter, wenn ich sterbe. Die Form bleibt zurück. Zu erfahren, dass ich Musik, Klang, göttliches Leben bin, das weitergeht, auch wenn die Form zerbricht, ist die Überwindung des Todes.

Im Hinduismus und im hinduistisch geprägten Yoga glaubt man an Wiedergeburt. Häufig hört man, wie Menschen hier bei uns im Westen über ihre Wiedergeburten sprechen, als würden es sich um Erfahrungen des letzten Jahres handeln. Viele Menschen besuchen auch Rückführungsseminare. Was halten Sie von dieser Entwicklung?

W. J.: Shakyamuni Buddha sprach nicht von Wiedergeburt. Er hat sich geweigert, etwas über eine Zeit nach dem Tod zu sagen. Alle Erlebnisse und Vorstellungen von Wiedergeburt kommen aus dem begrenzten Ich. Das zeitlose Bewusstsein ist nicht nach unseren Vorstellungen organisiert. Wir leiden an einer unglaublichen Arroganz und wollen nicht zugeben, dass Wirklichkeit etwas ganz anderes ist, als uns Sinne und Verstand ständig vorspielen, obwohl uns auch die Neurologie sagt, es gibt kein Ich. Wir sind nicht nur nicht Herr in diesem Haus »Ich«, es gibt dieses Haus überhaupt nicht. Das Ich ist eine Eingrenzung. Aus dieser Eingrenzung heraus sprechen wir auch über Wiedergeburt. Das Ich erträgt nicht, dass es sterben muss, ja dass es gar nicht existiert. Aber genau dieses Sterben, sagen uns alle wirklichen spirituellen Wege, ist die Voraussetzung für ein Erwachen zur Wirklichkeit. Es ist eine schlimme Kränkung für unser Ich. »Stirb auf deinem Kissen«, heißt es im Zen – »Wer sein Leben verliert, wird es gewinnen«, sagt Jesus.

Heißt das, dass Sie nicht an Wiedergeburt glauben?

W. J.: Hinter dieser Ansicht steckt mir zu viel Moral. Wir meinen, wir könnten das evolutionäre Geschehen durch »gute und schlechte Taten« beeinflussen. Das ist mir zu menschlich gedacht und letztlich eine Form von Egoismus. Milliarden von Jahren gab es unsere Spezies nicht. Niemand hat uns vermisst. Irgendwann wird es uns wieder nicht geben, niemand wird uns vermissen. Das zeitlose Leben wird weitergehen, aber nicht diese Form. Der Ozean wird weiter bestehen, aber nicht die Welle.

Und was halten Sie vom Karma-Gedanken?

W. J.: Alle unsere Taten und Werke sind letztlich Energie. Diese hat einen Einfluss auf das ganze Universum. Es kann nichts verloren gehen, sagt uns die Naturwissenschaft. Die Frage lautet wiederum: »Muss sich die Energie wieder in einer menschlichen Form ausdrücken?« Es gibt in diesem ungeheuren Universum Milliarden andere Möglichkeiten. Wir sind vernarrt in diese unsere menschliche Form. Und noch etwas. Die Vorstellung, dass Taten, die wir als Menschen schlecht nennen, sich als »schlecht« wieder ausformen, halte ich für eine Arroganz unserer Ichstruktur. Die Evolution richtet sich nicht nach gut und böse.

Wie stehen Sie zur Sterbehilfe?

W. J.: Ich möchte nicht mit allen Raffinessen künstlich am Leben erhalten werden, sondern sterben dürfen, wenn mein Körper seinen Endzustand erreicht hat. Jesus hat einmal gesagt: »Im Hause meines Vaters sind viele Wohnungen. Ich gehe, euch eine zu bereiten.«

Können Sie abschließend noch einen Rat geben, wie wir die scheinbaren Gegensätze von Leben und Tod aufheben können und zwar nicht über den Verstand, sondern aus der Tiefe unseres Herzens, unseres Seins?

W. J.: Wer zu seinem wahren Wesen durchbricht, erkennt, dass es keinen Tod gibt. Es kommt die Zeit, in der wir unseren Tod feiern werden wie unsere Geburt, weil wir unser wahres Leben erfahren, das nicht sterben kann. »Du musst wiedergeboren werden«, sagt Jesus zu Nikodemus. Du musst dein göttliches Leben erkennen, das sich in dieser jetzigen Form manifestiert. Dann verliert der Tod nicht nur seinen Schrecken, du erfährst das Neue, Unbegreifliche, das auf dich wartet. Die spirituellen Wege helfen uns, das eigene göttliche Wesen zu erfahren. Geht den Weg nach Innen!

Sieben Schritte zur kontemplativen Übung – Übung nach Willigis Jäger

- Suchen Sie sich einen Ort, an dem Sie nicht gestört werden.
- Schließen Sie die Augen, und entspannen Sie sich.
- Tönen Sie innerlich das Wort Shalom, Jesu oder ein anderes für Sie bedeutsames Wort.
- Laden Sie das Wort mit Hingabe und Liebe auf.
- Kehren Sie immer wieder zu diesem Wort zurück, wenn Sie abgelenkt werden.
- Führen Sie diese Übung einmal oder zweimal am Tag für zwanzig Minuten durch.
- Folgen Sie dieser Übung auch hin und wieder mitten in Ihrem Alltag.

Anhang

Informationen zu den Interviewpartnern in alphabetischer Reihefolge.

Bösch, Jakob: Dr. med. Jakob Bösch arbeitete nach dem Medizinstudium am Institut für Hirnforschung der Universität Zürich, danach 10 Jahre an der Psychiatrischen Poliklinik am Universitätsspital Zürich, zuletzt als leitender Arzt und Privatdozent. Von 1991 bis Ende 2005 war er Chefarzt der Externen Psychiatrischen Dienste Baselland und Privatdozent für Psychiatrie und Psychosoziale Medizin an der Universität Basel. Jakob Bösch beschäftigt sich seit Jahrzehnten mit geistigem Heilen und untersucht in Forschungsprojekten die Arbeit von geistigen Heilenden in der Schulmedizin.
Weitere Informationen unter: www.jakobboesch.ch
Literaturempfehlung: *Spirituelles Heilen und Schulmedizin. Eine Wissenschaft am Neuanfang.* Baden und München 2006

Büssing, Arndt: Privatdozent Dr. med. Arndt Büssing war 10 Jahre lang Mitarbeiter der Tumorambulanz des Gemeinschaftskrankenhauses Herdecke und leitet seit 2004 den Forschungsschwerpunkt »Spiritualität und Krankheitsumgang« am Lehrstuhl für Medizintheorie und Komplementärmedizin der Universität Witten/Herdecke. Er ist Autor und Herausgeber verschiedener Bücher, Dharmalehrer im Training der Kwan Um Zen-Schule Deutschland und Komponist und Texter geistlicher Lieder.
Literaturempfehlung: *Regen über den Kiefern. Zen-Meditation für chronisch Kranke und Tumorpatienten.* Stuttgart 2002; *Am anderen Ufer des Meeres. Zen-inspirierte Psalmen.* Berlin 2003; *Spiritualität, Krankheit und Heilung – Bedeutung und Ausdrucksformen der Spiritualität in der Medizin.* Frankfurt 2006;

und Mitherausgeber der Buchreihe »Religion – Spiritualität – Gesundheit« Münster.

DREWERMANN, EUGEN: Dr. theol., Professor, Psychoanalytiker in eigener Praxis in Paderborn. Er gilt als Pionier und maßgeblicher Vertreter einer tiefenpsychologischen Auslegung der christlichen Glaubenstradition in Exegese, Moraltheologie und Dogmatik. In seinen Publikationen, Vorträgen und Seminaren vermittelt er eine tiefenpsychologisch fundierte Sicht eines existenziell befreienden Glaubens.
Literaturempfehlung: *Glauben in Freiheit 3/4. Atem des Lebens 1. Das Gehirn. Die moderne Neurologie und die Frage nach Gott.* Düsseldorf 2006; *Heilende Religion. Überwindung der Angst.* Freiburg 2006; *Wozu Religion? Im Gespräch mit Jürgen Hoeren.* Freiburg 2003.

FREUND, LISA: arbeitet seit mehr als 20 Jahren in der Erwachsenenbildung. Sie hat ein abgeschlossenes Hochschulstudium in Politologie und Germanistik, ist seit 1990 Schülerin von Sogyal Rinpoche, einem buddhistischen Lehrer der tibetischen Tradition. Seit 1989 ist sie aktiv in der Hospizbewegung tätig, u. a. als ehrenamtliche Sterbebegleiterin.
Weitere Informationen unter: www.lisafreund.de

GRIMM, BEATRICE: Tanz- und Kontemplationslehrerin (Würzburger Schule der Kontemplation). Schulungen: Schauspiel, therapeutische Bewegungs- und Körperarbeit, Sakraler Tanz, Kontemplation, Zen, Qigong Yangsheng und Ridhwan-Schule bei A. H. Almaas. Langjährige Assistentin und Co-Leiterin in Kursen von Willigis Jäger.
Weitere Informationen unter: www.beatrice-grimm.de
Literaturempfehlung: *Der Himmel in dir – Einübung ins Körpergebet*, München 2000.

JÄGER, WILLIGIS: vertritt eine moderne, integrale Spiritualität, die den großen Erfahrungsschatz der östlichen und westlichen Weisheit vereint und zugleich neueste Erkenntnisse der Wissenschaften mit einbezieht. Er ist spiritueller Leiter des Benediktushofes in Holzkirchen, eines Zentrums für spirituelle Wege, und Mitbegründer des Sonnenhofes im Schwarzwald.
Weitere Informationen unter: www.willigis-jaeger.de
Literaturempfehlung: *Das Leben endet nie Über das Ankommen im Jetzt.* Berlin 2004; *Die Welle ist das Meer. Mystische Spiritualität.* Freiburg 2000: *Westöstliche Weisheit, Vision einer integralen Spiritualität.* Berlin 2007

KABAT-ZINN, JON, PROF. DR.: Jon Kabat-Zinn ist ein amerikanischer Verhaltensmediziner und Meditationslehrer. Sein Programm der »Stressbewältigung durch die Praxis der Achtsamkeit« (MBSR) wird weltweit in immer mehr Universitätskliniken, Krankenhäusern, Gesundheitszentren, aber auch in wirtschaftlichen und politischen Institutionen erfolgreich praktiziert.
Weitere Informationen unter: www.mbsr-deutschland.de. www.jonkabat-zinn.com
Literaturempfehlung: *Zur Besinnung kommen. Die Weisheit der Sinne und der Sinn der Achtsamkeit in einer aus den Fugen geratenen Welt.* Freiamt 2006; Zusammen mit Myla Kabat-Zinn: *Mit Kindern wachsen. Die Praxis der Achtsamkeit in der Familie.* Freiamt; *Stressbewältigung durch die Praxis der Achtsamkeit. Arbor Verlag.* Freiamt, Buch und CD.

KAISER, ANNETTE: Nach einem Studium der Volkswirtschaft arbeitete Annette Kaiser längere Zeit in der Entwicklungszusammenarbeit und engagierte sich in der Frauenbewegung. Gleichzeitig begann sie eine Ausbildung in T'ai Ji und Qigong und gründete die T'ai Ji DO-Schule. Sie war 17 Jahre lang Schülerin von Irina Tweedie, einer englisch-russischen

Sufilehrerin. Von ihr wurde sie autorisiert, deren Tradition weiterzuführen und in die heutige Zeit zu transformieren. Ihr besonderes Anliegen ist eine transkonfessionelle, integrale Spiritualität.
Annette Kaiser ist spirituelle Leiterin der »Villa Unspunnen« (CH) und der »Windschnur« (D), ist Autorin, T'ai Ji und Qigong Lehrerin und hat den »Integralen Übungsweg DO« entwickelt.
Weitere Informationen unter: www.windschnur.de, www.villaunspunnen.ch.
Literaturempfehlung: *Manifest der Liebe. Meditationen und Kontemplationen.* Berlin 2006; *Jenseits aller Pfade. Visionen einer neuen Spiritualität.* Berlin 2004; *Der Weg hat keinen Namen. Leben und Vision einer Sufi-Lehrerin.* Berlin 2002.

KAISER, KATJA: Studium der neueren deutschen Literatur (M.A.), Psychologie (Dr. phil); Familien- und Verhaltenstherapeutin für Erwachsene, Kinder und Jugendliche. Nach mehrjähriger Tätigkeit in der Kinder- und Jugendpsychiatrie jetzt in eigener Praxis als Psychologische Psychotherapeutin tätig. Ärztlich geprüfte Yogalehrerin; integriert Spiritualität in die Psychotherapie.
Weitere Informationen unter: info@katja-kaiser.de
Literaturempfehlungen: *Business Yoga.* München 2005; *Yoga der Gegenwärtigkeit.* Bielefeld 2004

LÜTHI, ROLAND: Dr. phil., MBA, MPH, Ausbildungsleiter an der Schule für Erwachsenenbildung, Leitung und Führung SELF in Bern, Beratungstätigkeit und Coaching in Teamentwicklungen, Kooperationen, Mitgründer der Unternehmensberatung PACT und des Yoga Forum in München.
Weitere Informationen unter: www.luethi-roland.ch; luethi@self.ch
Literaturempfehlung: *Erfolgsfaktor Gesundheit,* Bern 2000.

MARIE MANNSCHATZ: lebt heute in Schleswig-Holstein, nachdem sie mehr als zwei Jahrzehnte in Berlin in freier Praxis als Gestalt- und Körpertherapeutin gearbeitet hat. Seit 1978 praktiziert sie Vipassana-Meditation und wurde in den 90er Jahren von Jack Kornfield zur Meditationslehrerin ausgebildet. Seit einem Jahrzehnt unterrichtet sie Meditation in Deutschland, Österreich und der Schweiz sowie am Spirit Rock Meditation Center in Kalifornien.
Weitere Informationen: unter www.MarieMannschatz.de
Literaturempfehlungen: *Lieben und Loslassen.* Berlin 2002; *Meditation.* München 2005.

PLATSCH, KLAUS-DIETER: Dr. med., Arzt für Innere Medizin, Chinesische Medizin und Psychotherapie. Er lebt mit seiner Frau im Chiemgau, wo er eine ärztliche Praxis führt. Als Dozent der Deutschen Ärztegesellschaft für Akupunktur, Leiter der Tagungsreihe »Medizin und Spiritualität« auf Frauenchiemsee und des Instituts für Integrale Medizin unterrichtet er im Rahmen von Seminaren und Vorträgen in Deutschland, Österreich, der Schweiz und den USA.
Weitere Informationen unter: www.drplatsch.de
info@drplatsch.de
Literaturempfehlung: *Was heilt. Vom Menschsein in der Medizin.* Berlin 2007; *Bewusstsein und Transformation – ein Geschmack vom Ganzen.* Norderstedt, 2005. *Die fünf Wandlungsphasen – Das Tor zur chinesischen Medizin.* München 2005. *Medizin und Spiritualität – ein Geschmack vom Heilen.* Norderstedt 2002; *Psychosomatik in der Chinesischen Medizin.* München 2005.

SRIRAM, R.: Schüler von T. K. V. Desikachar. Er unterrichtete mehrere Jahre am Krishnamacharya Yoga Mandiram in Madras. Seit 1987 lebt er zusammen mit seiner deutschen Frau Anjali in Deutschland und Indien leitet ein Yogazentrum in der Nähe von Heidelberg. Er hat den »Yogaweg« gegründet,

ist Referent beim Berufsverband Deutscher Yogalehrerinnen und -lehrer (BDY) und leitet seit Jahren Aus- und Weiterbildungen für Yoga-Lehrer und Fortbildungen für die therapeutische Anwendung von Yoga bei Kindern und Erwachsenen.
Weitere Informationen unter: www.sriram.de
Literaturempfehlungen: *Yoga. Neun Schritte in die Freiheit. Ein Weg zu Gesundheit und Selbstbewusstsein.* Berlin 2001; *Yoga und Gefühle.* Berlin 2004; *Patanjali, Das Yogasutra (Einführung, Übersetzung und Erläuterung von R. Sriram).* Berlin 2006.

TAUSCH, DANIELA: Dipl. Psych., Autorin, Initiatorin und langjährige Leiterin des Stuttgarter Hospizdienstes (1987–1997). Persönliche Erfahrungen mit Krankheit, Sterben und Tod prägen die Art ihres Wirkens. Zahlreiche Artikel, Bücher, Vorträge, Seminare, Rundfunk- und Fernsehsendungen. Seit 1997 arbeitet sie in eigener psychotherapeutischer Praxis; seit Oktober 2001 lebt sie in Bremen.
Weitere Informationen unter: www.seelische-gesundheit.de
Literaturempfehlungen u. a.: (Zusammen mit Lis Bickel): *Jeder Tag ist kostbar.* Freiburg 2006; *In meinem Herzen die Trauer.* Freiburg 2003; *Sterbenden nahe sein.* Freiburg 2004; *Wenn ein Mensch gestorben ist.* Freiburg 2000.

ECKHART TOLLE: wurde in Deutschland geboren und lebte hier die ersten dreizehn Jahre. Nach dem Abschluss seines Studiums an der University of London war er an der Cambridge University in Forschung und Supervision tätig. Mit neunundzwanzig Jahren führte eine tiefe spirituelle Transformation zu einer grundlegenden Wandlung seines Lebens. Die nächsten Jahre widmete er sich dem Verstehen, Integrieren und Vertiefen dieser Erfahrung. Eckhart Tolle gehört keiner speziellen Religion oder Tradition an. Weltweit bekannt wurde er durch sein Buch *Jetzt. Die Kraft der Gegenwart.* Eckhart Tolle lebt heute in Vancouver, Kanada.

Weitere Informationen unter: www.eckharttolle.com; www.weltinnenraum.de

Literaturempfehlungen: *Jetzt. Die Kraft der Gegenwart.* Bielefeld 2002; *Eine neue Erde.* München 2005; *Die drei Techniken zu höherem Bewusstsein* (Audio CD). München 2003

PYAR (FRANZISKA) TROLL: wurde 1960 in Oberbayern geboren. Sie war Schülerin von Osho, später von Samarpan. Seit 1999 bietet sie in Deutschland und Österreich Retreats an, arbeitet aber gleichzeitig als Ärztin in eigener Praxis und ist Buchautorin.

Weitere Informationen unter: www.pyar.de

Literaturempfehlungen u. a.: *Bodhichitta – Das erwachte Herz Das Sieben-Punkte-Geistestraining für Weisheit und Mitgefühl.* Bielefeld 2005; *Reise ins NICHTS. Geschichte eines Erwachens.* Bielefeld. 2000; *Hütet das Feuer.* Bielefeld 2006; *Satsang.* München 2006.

Zur Autorin

Doris Iding: Ethnologin, mit Schwerpunkt Integration östlicher Heilverfahren in den Westen und bewusstseinsverändernde Techniken. Sie lebt und arbeitet in München als freie Journalistin und Autorin sowie als Yogalehrerin für Erwachsene und Kinder und als Dozentin bei Yogalehrerausbildungen zum Thema Yogaphilosophie.
Weitere Informationen unter: www.doris-iding.de
info@doris-iding.de